이름
속에 담긴
인생들의
이야기

아담 - 멜기세덱

도서출판 O.N.O는 30년 전통의 원어전문 출판사 '도서출판 로고스'의 새로운 이름입니다.
처음 기록된 성경을 보급하고 그 뜻을 새롭게 되새김질 하는 도서들을 출판하면서
말씀의 진리들을 드러내고 선포하는데 최선을 다하는 출판사로 거듭나겠습니다.
O.N.O라는 회사명은 'One and One'의 줄임말로 '하나 그리고 하나가 연합한다.'는 의미입니다.
하나님께서 우리들에게 보여주신 모든 것들은 조화와 짝을 이루고 있습니다.
하늘과 땅, 남과 여, 오른손과 왼손, 해와 달 그리고 구약과 신약 등...
예수님도 말씀하신 '에이레네' 곧 하나님과 우리의 하나 됨의 조화와 연합을 회사명에 담았습니다.
도서출판 로고스의 의미가 '하나님이 주신 말씀'이라면 이제 그 말씀을 받아
조화되고 연합하는 비전을 제시하는 것이 저희 O.N.O의 시작이자 끝이 되길 바랍니다.

초판 1쇄 인쇄   2021년 8월 13일
초판 1쇄 발행   2021년 8월 18일

지은이   주원규 · 마광석

발행인   김민선
총괄디렉터   김성수

편 집   말쿠트
일러스트   정담

발행처   도서출판 O.N.O
주 소   경기 의정부시 백석로 12번길 동화A상가 105호
전 화   02-922-6872, 070-4103-6890
FAX   02-926-5406
E-mail   ono1001@naver.com
등 록   제 2019-000005호
등록일자   2019년 2월 13일

ISBN   979-11-91047-14-1

이름
속에 담긴
인생들의
이야기

아담 – 멜기세덱

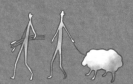

| 머리말 |

성경은 하나님의 말씀입니다. 또한 하나님의 사람을 향한 사랑과 관심, 사람의 인생을 품어주시는 사랑의 역사를 담은 기록이기도 합니다. 특히 구약성경을 보면 더더욱 삶을 향한 하나님의 특별한 사랑과 구원의 계획을 발견하게 되어 놀라움을 금치 못하게 됩니다.

하지만, 구약성경을 읽을 때, 그리스도인이 중요하게 생각해야 할 부분이 있는데, 바로 하나님의 사랑과 구원 계획에 그리스도 예수의 말씀이 함께 한다는 사실입니다. 신약성경 네 복음서의 기록에 등장하는 예수님이 행하신 많은 표적과 가르침을 통해 구약성경에 등장한 인물들은 어떠한 상황에서도 하나님의 사랑과 구원을 느끼고 발견해 왔다는 것을 확인할 수 있습니다. 교리적 용어로 표현한다면 예수 그리스도의 구원 계획, 그 구원자의 섭리로 구약성경의 역사를 해석하고, 이해하며, 묵상하는 접근을 구속사적 성경 읽기라고 할 수 있을 것입니다.

히브리어와 헬라어 원전분해성경을 전문적으로 펴내며 하나님 말씀의 보고인 원어성경 편찬에 주력해 온 로고스 출판사가 이름을 바꾸어 새롭게 출발하는 O.N.O와 함께 '이름 속에 담긴 인생들의 이야기'를 통해 예수 그리스도의 사랑과 구원 계획, 이른바 구속사적 관점에서 본 인물 해설집을 출간하게 되었습니다.

'이름 속에 담긴 인생들의 이야기'는 예수 그리스도의 사랑과 구원 계획이라는 큰 그림 위에 하나의 사안에 더 주력했습니다. 바로 성경에 등장하는 인물들이 오늘날 우리의 모습을 반영하고 있다는 사실과 우리에게 건네는 아이 메시지 I-message란 관점을 가미한 것입니다. 우리는 성경 속 첫 등장인물이자 인류가 시작된 첫 사람으로 잘 알려진 아담 그리고 하와를 오래전 역사 속 인물로만 보고 그 인물의 사건들을 객관적인 역사책 속의 기록으로 볼 때가 많습니다. 기원전 몇 천 년경, 고대사에 등장한 한 인물의 역사로만 기억하는 게 대부분의 접근이 될 때가 많은 것입니다. 어디 그뿐인가요. 구약성경의 첫 시작점인 창세기에 등장하는 인물인 노아, 야곱, 요셉 등 아무리 위대한 하나님의 역사 속 주인공이라고 하더라도 그 안에서 세밀하게 역사하는 구원의 계획과 섭리를 놓치는 경우가 대부분입니다.

이에 본 책은 역사적으로는 비록 몇 천 년 전 인물이지만 예수 그리스도의 구원 계획의 관점에서는 오늘날 우리에게 직접 역사하는 참 복음의 펼침이란 관점에서 성경의 인물들을 살펴보고자 했습니다. 우리는 성경을 통해서 삶의 교훈을 얻고자 합니다. 하지만, 그보다 훨씬 더 중요한 것은 하나님의 구원과 사랑은 삶의 교훈이라기 보다 우리의 인생 전체에서 발견되는 하나님과의 만남 그리고 하나님 사랑을 우리 인생 속에서 발견하는 벅찬 기쁨을 체험하는 것이라는 사실의 깨달음입니다. 그런 맥락에서 **본 도서**는 말씀을 좀 더 세밀하게 살피는 관점에서, 예수 그리스도의 구원 계획이 성경에 기록된 인물에게 일어난 사건과 인물들의 선택 그리고 인물에게 개입하시는 하나님의 계획을 들여다보는 데 집중했습니다.

그러한 하나님의 계획을 집중하는 데 있어 구약성경이 쓰인 히브리어 문자에 담긴 어원과 참뜻을 펼쳐서 살펴보는 문자적 엄밀함을 가미한 점이 이 책이 가진 또 하나의 특징으로 볼 수 있겠습니다.

위의 배경과 의도에서 편찬된 '이름 속에 담긴 인생들의 이야기'의 내용이 다소 낯설거나 생소한 이야기처럼 보인다는 의견도 있을 것 같습니다. 히브리어로 풀이된 등장인물의 이름이 가진 속뜻을 살피고 나눌 때, 의미의 충돌도 어느 정도 일어날지도 모르겠습니다. 하지만, 이는 기존의 생각을 배격하거나 논쟁을 의도하는 것과는 거리가 멀다고 생각합니다. 그보다는 더 넓고 깊은 믿음의 눈을 품고, 우리의 구원 되시는 예수 그리스도의 말씀과 뜻을 살피고자 하는 성찰의 결과로 이해하고 살펴주시면 좋을 것 같습니다. 아울러 본 도서의 내용은 오늘 우리의 인생 속에서 함께 하는 하나님의 사랑과 구원의 이야기란 사실을 확인하고 공감하는 데 집중했다는 걸 잊지 않으셨으면 좋겠습니다.

　기독교가 사회로부터 지적받는 종교가 되어버린 안타까운 현실을 마주 하고 있는 요즈음, 본 도서가 참된 하나님의 뜻을 생각해 보고 나누며 또한 건강한 질문을 던지고, 함께 그 문제를 살펴 볼 기회를 제공하고, 나아가 영적으로 침체해 있는 한국교회와 그리스도인에게 참된 기쁨과 유익을 주는 말씀의 길라잡이가 되었으면 좋겠습니다.

주 원 규
2021. 8. 10

| Contents | ··

이름
속에 담긴
인생들의
이야기

01.아담 ·················· 붉어지다, 피, 생명

아담은 어떤 인물이가요?

하나님을 모델로 찍어내어 만든 아담

사람은 하나님이 세상을 창조하시던 6일 중에
마지막 6일째에 창조하셨다.
하나님은 사람에게 다섯 째와 여섯 째날 지으신
모든 나무의 식물과 채소를 먹거리로 주시고
바다와 땅의 생물들을 다스리도록 하셨다.
하나님은 남자와 여자로 사람을 창조하셨는데
이 사람은 하나님의 형상을 따라 지음 받았다.
그리고 하나님은 일곱 번째 날에 안식하셨다.

그런데 창세기 2장에서
사람을 지으시는 이야기가 다시 나온다.
여기서 여호와 하나님이 지으신 아담은
하나님의 형상으로 본 뜬 거푸집에
'땅(아다마, ground)'에서 나온 '흙(가루, 먼지, dust)'을 재료로
눌러 찍어낸 것처럼 만들었다.

여호와 하나님은 이렇게 만들어진 아담에게 호흡을 불어넣어
하나님의 숨을 쉬는 '살아 움직이는 존재'로 만드셨다.
'땅'(아다마)은 여성의 성격을 가진 단어이고
'아담'은 남자의 성격을 가진 단어이므로
아담은 하늘 아버지의 모양대로 땅의 어머니가 낳은
하나님을 꼭 닮은 아들이다.
그리고 에덴동산(기쁨의 정원)을 만드신 후
아름답고 먹기 좋은 나무를 나게 하셨고
에덴을 위해 일하고, 이 동산을 지키라고 말씀하셨다.

아담은 사람이라는 말로도 번역되었는데
구약성경에 사람이라고 번역되는 단어는
대표적으로 네가지(아담, 이쉬, 에노쉬, 네페쉬) 정도가 있지만
창세기 9장까지는 아담이라는 단어가 주로 나타난다.
그리고 구약성경에서 아담이라는 단어가 쓰일 때는
말씀의 원리 중 특별한 대목을 지목하여 설명하거나
그리고 율법의 주체나 목적 대상으로
자주 나타나는 것으로 볼 수 있다.
이러한 면에서 아담은 창세기의 주인공이며
세상을 창조한 목적을 보여주는
모델 역할을 담당하고 있는 것으로 보인다.

여호와 하나님은 아담을 에덴에 두시면서
모든 열매를 꼭 먹어야 하지만 동산 가운데 있는
선악을 알게 하는 나무의 열매는 먹을 수 없다고 말씀하시며
그것을 먹는 날 죽게 될 것이라고 하셨다.
그리고 아담이 혼자 있는 것이 선하지 않다고 하시고
그의 돕는 배필을 만들어주기 위해
흙(아다마)으로 각종 들짐승과 각종 새들을
아담과 같은 방식으로 찍어내셨다.
그리고 아담에게 데리고 오셨다.

그리고 여호와 하나님이 데리고 오신 만물에게
아담이 이름을 지어주었다.
이름은 '이르다, 말씀하다'의 의미도 있으므로
하나님의 창조물들이 담고 있는
정체성이 담긴 이름을 아담이 만물에게 지어준 것이다.
여호와 하나님은 자신이 지으신 뜻대로
아담이 이름을 짓는 것을 흡족한 마음으로 지켜보셨을 것이다.
아름답고 흐뭇한 시간이었지만
아담을 도울 배필은 찾지 못했다.

아담의 돕는 배필을 찾지 못하자

여호와 하나님은 아담을 깊이 잠들게 하시고

그의 갈빗대를 취해서 여자를 지으시고 그에게 배필로 주셨다.

하지만 이 여자가 뱀의 꼬임에 넘어가

선과 악을 알게 하는 나무의 열매를 먹고 아담에게도 주었는데

아담은 자신이 이 나무의 열매를 먹으면

죽는다는 것을 알고 있었지만

여자가 주는 대로 그 열매를 먹고 말았다.

여호와 하나님이 그것을 먹는 날에는 죽을 것이라고 말씀했지만

아담과 그의 여자는 바로 죽지 않았고

자신들이 벗었다는 사실을 알게 되었다.

그리고 무화과나무의 잎으로 자신들의 몸을 가렸다.

여호와 하나님은 선악과나무의 열매를 먹게 된 경위를

아담과 여자에게 차례로 물어보셨고

아담은 흙으로 돌아갈 때까지

땀 흘려 일해야 한다고 말씀하시며

가죽옷을 지어 입혀주시고 에덴에서 아담을 내보내셨다.

에덴에서 쫓겨난 아담은 가인과 아벨을 낳았고

가인이 아벨을 죽이고 유랑하는 삶을 살게 되자

다시 130세가 되는 때에 자기의 형상과 같은

셋이라는 아들을 낳았으며

팔백년을 더 살며 자녀들을 낳았고 구백삼십 세에 죽었다.

여호와 하나님이 [땅]의 [흙-가루, 먼지]으로 사람을
[지으시고] 생기를 그 코에 불어넣으시니 [사람-아담]이
생령이 되니라 (창 2:7)

[땅] 아다마 - 붉음, 아담의 여성형
[지으시고] 야짜르 - 주조하다, 찍어내어 만들다.
[피] 담 - 피 (다맘 - 벙어리가 되다. 파괴되다)

한발 더 들어가기

'아담'이라는 이름은 '붉어지다'라는 의미이다.
'붉어지다'는 아담이 지음 받은 땅의 색깔과 관련된 단어들과
처음 나타낸 것(아담, 에돔, 제물이 되는 짐승, 성막 등)들을
나타내는 여러 단어들과 연결되어 있다.

아담은 에덴(기쁨)을 위해 일하고
에덴을 지키는 존재로 만들어 졌다.

그리고 아담이라는 이름 뒤의 글자 '담'은
생명을 상징하는 '피'라는 의미인데
'벙어리가 되어 말을 그치다'와 '파괴된다.'라는 의미도 있다.

아담에게 주신 하나님의 명령과
그 이름 속의 의미들을 모두 나열해보면
'기쁨을 위하여 일하고, 그것을 지키다가,
벙어리가 되어 말없이 피 흘리고 파괴되어,
생명을 주는 존재가 되어라.'이다.

'아담'의 이름에 담긴 의미들을 이렇게 연결하니
어떤 특별한 분이 생각난다.
예수님은 십자가를 지실 때
자신을 심문하는 빌라도 앞에서 입을 꾹 다무시고
유대 지도자들의 고발 내용에 대해
아무런 변론도 하지 않으시다가
자신에게 내려지는 십자가형을 받아들이셨다.
그동안 바리새인들과 유대 지도자들의 시험하는 질문에는
강한 어조로 야단치시며 하늘 나라를 변론하셨고
또 제자들에게는 말씀의 의미를 자세히 설명하시던 모습과는
완전히 다른 의외의 모습이었다.

마지막 아담인 예수님은
구원의 메시아를 기다리는 백성들에게
기쁜 소식을 전하는 일과 가르치시는 일을 하시다가
죽음의 선고를 아무 말없이 받아들이시고
자신의 생명을 우리에게 나누어 주신 것이다.

하나님을 너무도 잘 알기에...

아담은 하나님의 호흡을 받아
살아 움직이는 존재가 되었다.
하나님의 호흡은 말씀과 동일한 의미이므로
아담은 하나님의 말씀으로 사는 존재로 태어난 것이다.
또 하나님의 호흡으로 숨 쉬는 존재이기 때문에
하나님을 너무나도 잘 이해하고 있었을 것이다.
아담은 자신의 모습이 하나님과 똑같다는 것도 알고 있었다.
그러므로 "너는 선악과나무의 열매를 먹을 수 없다."는
하나님의 말씀도 명심하고 있었을 것이다.
이러한 아담이 하나님이 먹으면 죽을 것이라고 말씀하신
선악을 알게 하는 나무의 열매를 먹었다.

그런데 아담은 왜 선악과나무의 열매를 먹었을까?

자신을 도와야 하는 여자가 그 열매를 먹고

그리고 자신에게도 주었는데

이 때 아담의 마음속은 어떤 생각이 들었을까?

여자를 외면해야 했을까?

원망하고 야단쳐야 했을까?

하나님에게 가서 일러야 했을까?

아담의 마음 속에도

너무도 아름다운 이 열매를 먹고 싶은 욕망이

이미 예전부터 가득했기 때문에

여자가 준 그 열매를 덥석 먹었던 것일까?

그렇지 않았을 것이다. 아담은 분명 말씀의 존재였고,

하나님의 뜻을 위해 일하고

그것을지키는 일을 맡은 존재였기 때문이다.

아담은 벙어리처럼 아무 말 없이
자신을 돕는 배필이 준 선악과나무의 열매를 먹었다.
그 순간 벌거벗은 것을 알게 되었다.
그들은 꽃을 피우지 못하는 나무
생명의 잉태가 불가능함을 상징하는
무화과나무 잎을 엮어 자신들의 몸을 가렸다.
그리고 여호와 하나님이 두려워졌다.
그래서 동산 나무 사이에 숨었다.

아담은 그 열매를 먹지 않아도 되었다.
수치와 두려움을 맛보지 않아도 되었으며
무화과 같은 처지가 되지 않을
충분한 말씀의 분별력도 가지고 있었으나
아담은 그 열매를 먹었다.
이 행동은 죽음을 각오한 것이었다.

결국 아담은 추방되었다. 불순종의 아픈 결과를 맞이한 것이다.

하지만, 또 다른 결과도 함께 있었다.

하와는 생명의 어머니가 되고,

여호와로 인해 아들(씨, 생명)을 얻고 구원을 얻은 것이다.

이러한 과정들과 꼭 연결되어야 하는 이야기는

자기를 죽여 자신의 짝에게 생명의 씨를 맺게 하는

마지막 아담인 예수 그리스도이다.

아담의 아내가 선악과 열매를 남편(에노쉬, man)에게 주었는데

남편(에노쉬)은 '죽을 수 밖에 없는 사람'이라는 뜻이다.

이 단어를 통해 첫 아담은

그리스도의 고난을 품고 있다고 추측할 수 있다.

아담 계보의 마지막이 그리스도이며

아담이 겪는 일들은 모두 그리스도의 승리를 위한

예표이자 모델로 보는 것이 이러한 성경의 기록 때문이다.

그러므로 아담과 그 주변에서 벌어지는 일들은

하나님의 관점에서 보면 구원의 시작으로 읽어야 한다.

참고로 고린도전서 15:21-47절을 읽어보시면서

생령이 된 첫 아담과

살려주는 영이 된 마지막 아담에 대한

소상한 설명을 참고해 주시기 바란다.

그리고 여호와 하나님은

쫓겨나는 아담과 그의 아내에게 가죽 옷을 지어 입히셨다.

가죽은 '~에서 벗겨낸 것'이라는 뜻이고

또 '잠을 깨우다, 눈을 뜨게 하다.'라는 뜻도 있다.

그리고 옷은 '가리다'라는 뜻이다.

여호와 하나님은 아담과 그의 아내에게

'~에서 벗겨내어 그들을 가려주는' 옷을 덧 입혀 주셨다.

이 옷이 누구에게서 벗겨내었는지는

질문으로 남겨 두어야 할 것 같다.

확실한 말씀의 연결점을 찾지 못했을 뿐더러

독자 여러분의 상상안에 결론이 이미 있을 것이라 믿기 때문이다.

선과악나무의 열매를 먹고 눈이 밝아진 아담과 그의 아내는

벗었다는 사실이 부끄러움이 되었다.

이것은 내면을 바라보는 영의 안목이 죽어버리고

보이는 것에 대한 탐심을 얻은 결과이다.

그러나 여호와 하나님이 보호하심과 깨달음의 옷을 입히신 것은

생명의 씨를 잉태하고 낳는 과정을 통해

생명의 영을 나의 내면에 두시려는

깨달음의 여정이 시작되었다는 것을 알리는 신호이다.

예수님은 이 생명의 영이
자신이 우리에게 일러주신 말씀이라고 하셨다.(요 6:63)
우리가 흔히 생각할 수 있는 신적 존재로서의 영이 아닌
하나님의 원리, 자신을 뜻을 설명하고 계신 말씀들을
영이라고 설명하신 것이다.
따라서 영이 임한 삶의 상태는 초능력을 부리거나
초월적 힘을 가지게 되어 재앙과 병을 막고, 미래를 예측하며
세상의 순환을 내 맘대로 조종하는 것 등을 말하는 것이 아니다.
이러한 일들은 세상의 순리를 무너뜨리는 일이고
겉으로 발산하는 힘을 통한 외면적 통제이므로
오히려 성경이 말하는 영과는 한참 거리가 있다.
성경이 말하는 영은
현생을 살아가는 존재에게
현실 세상이 돌아가는 이치를 하나님의 말씀으로 이해하도록
도움을 주는 하나님의 말씀들을 말한다.
그러므로 하나님의 영이 임했다는 것은 세상의 모든 일들을
말씀의 원리대로 이해하고 적용하며 살아가는 것을 말한다.

성경은 살아가는 것에 대한 많은 이야기를 한다.
성경의 입장에서 살아간다는 것을 정의하자면
다양한 경험을 통해 지식의 범위를 넓히고
여러가지 감정을 맛보고 느끼며
다양한 관점으로 하나님의 생각을 이해해 가는 것이다.

성경은 살아가는 것을
먹고, 마시고, 옷을 입고, 집을 짓는 과정으로 설명한다.
우리의 모든 일상을 생명의 관점으로 바라보고
하나님의 영으로 채워 넣으시려는 의도이다.
하나님은 아마도 이렇게 살아가는 인간을 창조하시고
그 다양한 생동감을 지켜보며
함께 기쁨과 슬픔을 나누고 계실 것이다.
성경, 그중에서도 창세기에 등장하는 첫 사람 아담은
창조된 존재들을 대표하여
하나님의 기쁨, 하나님의 생동감 넘치는 목적으로 충만했고
하나님의 원리로 살아가는 존재였다.

그리고 살아간다는 것은
현실이라는 시간과 공간의 제한 속에서 이루어진다.
사람이 가진 육체도 이 제한 속에 살아간다.
예수님은 육은 무익하다고 말씀하셨으나
예수님이 말씀하신 육(사르크, flesh)은 정확히는
육체의 외형을 덮고 있는 '살'을 말씀하고 계신 것으로
외적 형태를 말하며 상징적으로는 종교적 형식을 가리킨다.
그러므로 사람의 육체에 대해 쓸모 없다고 말하신 것이 아니다.

육체는 생명을 담는 소중한 거처이자 하나님의 그림자이다.
종교적 형식도 영원의 말씀을 현실 속에 표현한 것이다.
그러므로 외적 형태인 육체로 살아가는 존재는
영, 말씀의 내용이 없으면 움직이는 껍데기가 된다는 말씀이다.
따라서 살려주는 영이 사람의 육체 안에 자리잡으면
이 육체에 대해서 '말씀이 거하는 성전'이라고 말하는 것이다.

그래서 마지막 아담인 예수님은
성전에서 행하던 종교적 관습들을 쫓아내는 행위를 보여주심으로
말씀의 핵심인양 내면에 자리잡은 외적 형식을 청소하심으로
하나님의 영이 거하실 성전이 될 우리를 준비하셨다.

우리끼리 하는 이야기

이러한 이야기들의 결론은

나의 안으로 들어오시려는 하나님에 대한 이야기이며

하나님과 나의 관계에 대한 이야기라는 것이다.

그런데 불의한 일과 죄들이 태초부터 벌어졌고

이러한 사건들이 완전한 하나님의 말씀을 기록하는 성경에

낱낱이 기록되어 있다는 사실은 여전히 이해하기 어렵긴 하다.

또 죽어야 할 사람이 죽지 않고,

쫓겨난 사람을 하나님이 쫓아다니시며

말을 거시고, 들어주시고, 보호하시는 상황도

이해하기 어렵긴 마찬가지다.

그리고 불의한 일들과 죄 때문에 현재의 내가 있을 수 있으며

내가 살고 있는 사회가 존재할 수 있었다는

해결되지 않는 생각에 대한 불편함이 밀려오기도 한다.

성경은 하나님의 생명을 설명하고

하나님의 마음, 하나님의 생각이 담겨진 책이기 때문에

더욱이 나의 삶과 동떨어져 보이기도 한다.

또 예수님이 내 안에 들어오신다는 말도 이해하기 어렵다.
하나님이 인간 내면으로 들어오신다는 것인데
몸 안인지 또는 정신으로 들어오시는지 확신이 없고,
영적으로 들어온다는 것도 구체적인 설명이 어려운 것은
영적 세계에 대한 구체적 설명이 성경에 거의 없는 이유로
세상에 떠도는 영적 세계에 대한 관념이
성경 해석에 섞여 들어온 경우들이 있어서
성경적인 근거를 찾기 더욱 어렵게 만드는 경우가 있다.

설령 이러한 일들이 현실에 나타났다 하더라고
영을 영접한 사람의 상태와 삶은 어떠한 것인지
실제적인 설명과 사례를 만나보기도 쉬운 일이 아니다.
그리고 하나님의 모든 정보가 평범한 인간에게 들어온다면
우주적 지식과 끝없는 시간과 공간에 대한 감각을
인간의 이성과 오감이 버틸 수 있는지도 확신할 수 없지 않은가.

그래서인지 세례 요한도

예수님의 신발 끈을 풀어드려서

자기에게로 영접하여 들이는 것이 불가능하다고 말했고,

자기 종의 치유를 위해 온 백부장도

예수님이 자기 집으로 들어오는 것은

자신이 감당할 수 없다고 말한 것이다.

이 고백은 옳다.

나의 안으로 하나님이 들어오는 것을 감당하거나

들어오시도록 허락할 능력이 나는 없을 뿐더러

하나님이 내안으로 들어오시면

나는 감당 못하고 터져버릴지도 모른다.

땅이라는 세상에서 내 입장을 중심으로

선과 악을 판단하며 살아가는 내가

수 많은 별들이 하나의 질서로 움직이는 거대한 우주같은

하늘의 이치를 궁금해 한 것이 고통과 갈증의 시작이었고,

드러내야 뜻을 아는 세상 속에 움직여야 하는 몸을 가진 내게

드러내지 않고도 심오한 깊이를 나눌 수 있으며

움직이지 않고도 풍성한 교감이 이루어지는 세계의 웅장함은

나의 인지능력이 감당할 수 없는 차원이기 때문이었다.

그러나 하나님은 나의 삶으로
돌진하여 밀고 들어오시려고 한다.
예수님은 세례 요한을 강권하여
영접하는 세례를 받으시고 이 세상으로 들어오셨다.
이러한 상황은 나에게도 적용되었던 것은
현실 적용이 어려워 보이는 말씀의 깊이와
깨달음과 배움의 끝이 보이지 않아 포기하려 할 때
하나님은 나를 향해 열심을 내시는 분이라는
말씀을 발견하게 되었고

현실이라는 삶의 무게를 감당하며
기쁨과 절망이 뒤섞인 삶 속에서
속 시원한 삶의 의미와 방법에 대한 목마름을 느낄 때
"심령이 가난한 자에게 복이 있다"라는 말씀에서
가난한 자는 '하나님의 영이 내 안에 없는 가난'을 깨달은 사람이고
그 영이 내 안에 계실 것을 간절히 원하며 바라는 사람이며
하나님은 그러한 가난한 자를 열심히 찾고 계신다는 말씀들이
내 방식대로 진리를 찾다 지친 상황이 발생하면
자꾸 발견되었기 때문이다.

그리고 내안에 들어오신 그 영은

나에게 초인적이고 초월적 삶을 살게 해주는 능력을 주거나

이적과 기적을 내 삶에 베푸는 것이 아니라는 사실을 알게 되었다.

왜냐하면 예수님은 현실에서 벌어지고 있는

말씀의 왜곡과 싸우시고, 진실을 드러내시며,

진실을 찾는 사람과 종교적 권위 때문에

복음에서 소외된 사람들에게

말씀의 참 의미를 전달하는 삶을 사셨는데,

이러한 과정에서 사람이 정해놓은 왜곡 된 종교적 의미들이

하늘의 원리로 설명되고 바로잡히는 것이

바로 성경이 말하는 이적과 기적의 현장이었다.

사람은 상상도 할 수 없었던 삶의 진실이 드러나기 때문이다.

하나님의 영이 하시는 일은

세상을 지으신 하나님의 창조원리를 깨닫게 해서

세상의 원리를 성경의 눈으로 꿰뚫어 보고 이해하는 것이다.

하나님의 진리들은

사람이 만들어놓은 세상 원리와 힘에 의해

기계적으로 돌아가는 삶의 수레바퀴에 엮이거나 치이지 않으며

자유롭게 사는 생명의 삶을 가르치고 있는 것이다.

생명으로 사는 방법 중에 두 가지만
마지막 아담, 그리스도가 제시한 말씀중에서 간추려 보자면
'보이는 것에 속지 말라'와
'모든 것은 하나님이 시작하셨다'는 것으로 말할 수 있다.

먼저 보이는 것에 속지 말라는 말은
말씀을 가르치기 위한 여러가지 방법과 도구들을 통해
말씀을 보여주시는 것들이 있다.
성경, 성전, 성물, 제사 등을 예로 들 수 있는데
이러한 것들은 섬기거나, 해마다 기념하는 일에만 집중하면
가르치시는 말씀의 핵심을 발견할 수 없게 되는데
이것이 보이는 것에 속는 것이다.

그리고 모든 출발점은 하나님이다.
선하든 악하든 그 쓰임새는 하나님의 결정이므로
하나님이 의도하신 결론이 무엇인가에 집중해야 한다.
모든 상황에 사람의 잣대를 들이대고
사람의 상식과 관념으로 말씀을 이해하고 해석해서
성경의 상황을 사람이 선과 악으로 판단하여 가르친다면
역사와 문화, 시대에 따라 달라진 여러가지 성경 해석들을
주섬주섬 모아서 우리의 성경 이해로 가지게 될 것이다.
이것은 하나님의 뜻에 역행하는 재앙이다.

말씀을 나타내는 외적 형식들 중 하나인 율법 조항들은
먹고, 마시고, 옷을 입고, 집을 짓는 것
즉 삶에 대한 자세한 설명들을 담고 있다.
이것은 우리 삶 속에서 영으로 살아가는 방법과 과정들을
자세히 설명을 해주시려는 목적으로 주셨다.
그런데 도움을 주려고 하나님이 내민 안내서를 오해해서
육신이 먹고, 마시고, 집 짓는 방법에 엄격히 적용하며
신 앞에서의 성스러운 구별에 집착하게 되었다.
이러한 오해를 사람 자신이 깨닫고 해결하기 불가능하기 때문에
하나님 자신이신 예수님이 직접 그 죄들을 해결하셨다.
나를 억압하던 외형적 종교의 틀에서
벗어날 수 있는 자유의 원리를 몸소 보여주신 것이다.

그리스도의 원리는 새롭게 제시 된 것이 아니고
구약세대에도 성경이 가르쳐 온 것으로
사람의 행동 양식으로 율법을 기준 삼지 말고
영을 자라나게 하는 것으로 이해하라는 것이다.
형상으로 지어진 사람은 외적 요소들을 중요하게 여겨서
영의 가르침을 행동으로 실천하려는 시도를 할 수 밖에 없는데
행동의 가르침을 반복하다 보면 내용보다 형식에 집중하게 된다.
결국은 율법이 담고 있던 영의 가르침은 희미해지고
사람이 지켜야 할 선과 악의 기준으로 율법이 자리잡게 된다.

예를 들면 솔로몬성전은 메시아를 보여주고 가르치는
구체적인 내용을 표현한 온전한 말씀의 전달자 역할로 지어졌다.
성전의 구조와 기물들의 위치, 벽면에 새겨진 문양들이
메시아를 연상시키는 재료와 상징들로 채워졌고
이 상징들이 가리키는 것은
사람에게 전달되는 하나님 생명의 전달과 잉태였다.
하나님의 마음을 깨닫고 생명을 가지게 하는 것이 목적이었던
이 성전을 바라보는 기준점이 사람의 것으로 바뀌자
성전 마당은 제물을 거래하는 시장 바닥이 되었고
번제단은 도살장이 되어 피 비린내와 짐승들의 죽음으로 가득찼다.

하나님이 율법을 주신 이유는

모든 것의 출발점이 되시는 자신을 가르치시려는 것이다.

따라서 율법으로 비유되는

선과 악을 알게하는 나무의 열매가 하나의 열매인 까닭도

선과 악이라는 극과 극의 상대성이

사실은 동일성에서 출발했다는 것을 가르치시려는 것이다.

선과 악의 동일성 발견은

우리에겐 서로를 이해하고 조화로운 방법을 찾는 시작점이 되고

하나님과의 평화를 이루는 생명의 발견이다.

율법이나 형식에 억지로 맞추어 구속되는 삶이 아니며

먹고, 마시고, 입는 것, 집짓는 것에 자유로운 영을 갖는 것이다.

즉 스스로 자라고 성장하는 힘을 가지게 되는 것이다.

이렇게 되면 현실 세상살이의 원리도 자연스레 깨우쳐

삶의 문제를 해결하는 방법의 실마리를 스스로 찾게 되고

결국에는 만족하는 삶의 방법도 찾게 될 것이다.

희망과 절망이 뒤엉켜 있는 생활이라도
아침에 눈을 뜨고, 저녁엔 잠이 오고
나 몰래 심장은 열심히 뛰어주고
숨 쉬는 만큼 배가 고프고, 누군가 안아주는 품이 그립다는 것
그리고 무엇보다 필요한 것은
나를 사랑해줄 사람이 필요하다는 것이다.

내가 잘못 선택해도 그 선택을 따라줄 사람
선택의 결과를 좋은 방향으로 이끌어 줄 사람
나쁜 결과를 함께 받아들이며 위로가 될 사람
그 위로를 통해 나를 자라나게 해주는 사람
자기가 죽어서 나에게 생명을 줄 사람

이런 사람 만나기 참 어렵겠지만
이런 사람을 기대한다는 것은
이런 사람이 언젠가는 있었고
또 있을 것이라는 약속 때문이 아닐까.

이러한 사람을 그리스도라고 성경은 소개하고 있는데
말씀은 우리에게 그리스도인 사람이 되어 달라고 부탁하고 있다.

02. 하와 ························ 살아있는

하와는 어떤 인물이가요?

그리스도와 성도는 원래 하나였던 것

하나님은 아담을 지으시고 그가 홀로 있는 것이 좋지 않으니
돕는 배필이 있어야겠다고 말씀하셨다.
그리고 그의 배필이 될 만한 것들을 지어 그에게 보여주셨다.
그러나 아담이 그들의 이름만 지어주고
자신의 배필은 찾지 못했다.
그래서 하나님은 아담을 깊은 잠에 들게 하시고
그의 갈빗대로 여자를 만들어 아담의 돕는 배필로 주셨다.
갈빗대는 히브리어로 '문 한 짝 중의 반쪽'이라는 의미가 있다.
그렇다면 아담의 돕는 배필로 하나님이 주신 이 여자는
아담에게서 나온 아담 자신의 반쪽이다.

아담도 이 여자에 대해
"내 뼈 중에 뼈요 내 살 중에 살"이라고 말했고
"남자에게 취하였다."고 했다.
자신에게서 나온 뼈대와 외형이 같은 존재라는 고백이다.
그리고 "부모를 떠나 아내와 합하여 한 몸이 될 것"이라고 말했다.
이것은 그리스도와 성도의 결혼을 말한 것으로
그리스도와 성도는 원래 하나였으며 그들이
아버지와 어머니를 떠나는 시기, 즉 부모처럼 성숙한 시기가 오면
한 몸으로 이루어질 것이라는 예언이었다.

그런데 아담은 이 여자의 이름을
바로 지어주지 않았고
여전히 성경의 기록에도 이 돕는 배필에 대해
그 여자라고 부르고 있었다.

돕는 배필이 한 일과 생명의 어머니

돕는 배필은 '마주 대하고 있으면서 도와주다.'라는 의미이다.

'마주 대한다.'는 것은

거울과 같이 서로의 내면을 비춰주는 역할과 함께

마주 보는 상태에서 반대편의 입장도 된다는 것이다.

그 여자는 아담의 반쪽이자 그의 본질을 꼭 닮았고

아담이 해야 할 일들에 적극 동참하지만

그 역할의 내용중에는 아담의 입장에서는

보이지 않는 부분이나 할 수 없는 일들을

할 수 있도록 도와주는 존재로 지어진 것이다.

그런데 이 여자가 뱀의 꼬임 때문에

먼저 선악과나무의 열매를 먹고

또 그것을 아담에게 주어 아담도 그 열매를 먹게 된다.

선악과나무의 열매를 먹은 이 사건 때문에

이 여자는 하나님의 말씀에 따라 잉태의 고통이 커지고

수고하여 자식을 낳게 되었다.

그리고 아담은 에덴에서 쫓겨나게 되었다.

그런데 이러한 상황 속에서

아담은 이 여자에게 '하와'라는 이름을 지어주었다.

'하와'의 의미는 '살아있다.'이다.

살아있는 여자가 산 자를 낳는 것과

생명의 어머니가 되는 것은 너무도 당연한 일이다.

그런데 뱀의 꼬임에 넘어가

하나님이 먹지 말라고 하신 선악과나무의 열매를 먹고

그것을 아담에게도 준 이 여자가 '살아있다.'는 의미를 가진

이름을 가질만한 자격이 있는 걸까?

또 아담이 에덴에서 쫓겨나는 원인을 제공했는데

그 순간 '하와'라는 이름을 받음과 동시에

'산 자들의 어머니'가 되었다.

그리고 더 이해할 수 없는 일은

아담과 하와가 동침하여 하와가 가인을 잉태하여 낳은 후

이 아이가 여호와 때문에 낳았다고 말한 것이다.

여기에 더하여 아벨도 낳게 된다.

'하와'가 여호와의 뜻대로 이들을 낳았다고 말한 것은
하와의 주장일 뿐일까?
아담과 그의 여자가 죄를 지어 쫓겨난 상황에서
이런 말을 할 수 있다는 것이 가능한 것일까?
그런데 그녀의 말은 점점 사실이 되어 간다.
여호와께서는 하와의 아들들이
여호와께 나오는 것을 외면하지 않으셨고
대면하여 이야기도 나누셨다.
그리고 그 아들들의 일들을 하나하나 관여하시고
가인이 그의 동생을 죽이는 상황에서도 가인을 만나주시고
자신의 땅에서 쫓겨나는 가인이
다른 이들에게 해를 입지 않도록 보호도 해주셨다.

아담이 그의 아내의 이름을 [하와]라 불렀으니
그는 모든 [산] 자의 어머니가 됨이더라 (창 3:20)

[하와] 하바 – 살다, 말하다
[산] 하이 – 산, 살아있는, 생명
[갈빗대] 쩨라 – 굽어진 갈빗대, 형상적으로 문 짝,
　　　　　　　성전의 골방

한발 더 들어가기

죄 속에서 지어진 생명이라는 이름

이 여자는
"선악을 알게 하는 나무의 열매를 먹지 말라.
먹는 날에 죽으리라."는 여호와 하나님의 말씀을
아담으로부터 들어서 알고 있었을 것이다.
뱀과 이 여자가 나누는 대화의 내용 중에
아담이 여호와 하나님으로부터 들었던
이 나무에 대한 내용이 다소 과장되긴 했지만
여자의 말 속에 들어있기 때문이다.

그리고 그 열매를 먹었던 그 순간은 아담과 이 여자가
하나님의 말씀대로 그 자리에서 죽었을 수도 있는 상황이었다.
이러한 절체절명의 상황에서
아담이 이 여자에게 '살아있다.'는 이름을 지어준 이유를
두 가지로 추측해 보려 한다.

첫째는 '하와'라는 이름이

하나님의 사역을 족집게처럼 나타내는 이름일 수 있다는 것이다.

하와라는 이름은 구약에 딱 두 구절(창 3:20; 4:1)만 등장하는데

선악과나무의 열매를 먹은 직후와

가인을 낳았을 때이다.

아벨의 죽음과 가인의 추방 이후 셋을 낳을 때는

'하와'라는 이름 대신

아담이 '자신의 아내(여자, woman)와 동침했다'고 기록하고 있다.

여기서 부터 다시 '하와', 생명이라는 이름이 사라지는 이유는

하나님이 아벨 대신 주신

새로운 차원의 생명인 셋이 등장했기 때문으로 보인다.

셋(Set)은 그리스도와 한 몸으로 살아가는

초월된 생명을 묘사하는 인물로 보이기 때문에

아담과 여자라는 상태로 분리되어 있으며

마주보고 있는 상황에서 부르는

'하와'라는 이름을 쓰지 않은 것 같다.

두 번째로는

이 여자가 구원받는 자들의 모델이라는 것이다.

먼저 지음 받은 아담은 하나님의 형상이었다.

형상은 그림자라는 의미이고 본체가 나타나면 사라지는 것이다.

이 형상은 하나님의 뜻을 나타내기 위한 목적으로

하나님을 그림자 모양처럼 본 뜻듯 창조하신 것이다.

그러므로 하나님의 뜻은

형상으로 나타낸 아담에 담기는 것이 아니라

뼈와 살로 이루어진 실제적인 구조를 가지고 있는

나중에 나타난 여자의 내면에 채워지는 것이다.

그림자 같은 존재로 창조되었지만

실제적 삶의 존재로 다시 만드시고 빚으셔서

하나님의 생명을 사람에게 담으시려는 것이다.

이것이 이 여자가 생명이라는 이름을 받은 이유이며

생명의 어머니가 되어야만 하는 목적으로 추측된다.

돕는다는 것은 무엇인가

하나님의 뜻으로 지어진 사람들이
하나님의 말씀대로 사는 것에 실패하고
하나님이 지시하신 일들을 완수하지 못하는 사건들
그리고 자의적인 감정과 생각에 치우쳐
살인이나 우상숭배를 서슴없이 저지르는 일들을
성경은 가감 없이 기록하고 있다.
이것은 사람의 죄악을 고발하기 위한 목적도 아니고
하나님의 창조의 섭리가 불완전한 것 아니냐는
의심의 불씨로 쓰일 수 없다.

하나님의 창조는 완전한 일이어서
그 창조의 섭리와 생명의 섭리에
인간의 옳고 그름의 잣대와 판단이
끼어들 여지가 없기 때문이다.
완전하게 창조하신 세상은
선행과 범죄, 참말과 거짓말, 긍정과 부정 등
모든 것이 가능하되
모든 것이 말씀이 계획하는 결론에 이르게 된다.

돕는 배필은 '마주 대하여 돕는다.'라는 의미이다.

마주 대한다는 것에는 반대, 적대적인 관계도 포함하므로

아담의 입장에서는 악한 결과일 수 있지만

하나님의 입장에서는 선한 결과를 위한 계획 속에

이 여자는 지어진 것이다.

우리의 입장에서는 돕는다는 것이

상대방에게 이로움을 주고 어려움을 덜어주는 것이지만

하나님의 입장에서 도움은

말씀의 완성을 위해 보내신 사람이

역경과 고난에 잘 진입하도록 하는 것이

하나님이 의도하시는 도움이 될 수도 있다.

이러한 면에서 이 여자의 모든 행동과 말은

비록 아담에게는 쫓겨나서 힘들게 일하는 숙명을 가지게 했지만

하나님이 의도하고 계신

그리스도를 통한 구원의 계획이 시작되도록 하는 임무를

잘 완수한 것으로 보아야 한다.

하나님은 자신의 말씀을 설명하기 위해
특별히 아담과 그의 여자를 나타내 보이셨다.
성경은 이렇게 특별한 하나님의 임무를 띤 사람을
'인자'라는 특별한 용어로 기록하고 있다.
'아담의 아들' 또는 '아담으로 세워진 것'이라는 의미이며
인자의 마지막 결정체가 메시야(그리스도, Christ)이다.

우리는 시간과 공간이라는 한계가 분명히 존재하는 세상에서
나 외의 모든 것이 나와 상대적으로 마주보는
대적 관계에 있는 상대적인 세상에 살고 있다.
이러한 생각을 기반으로 성경의 죄들을
우리 인생이 생각하는 악의 기준으로만 정해 놓으면
하나님의 생명 순환의 원리는 이해하지 못하게 된다.
하나님이 의도하시는 도움은
분명 우리가 이해하는 차원의 도움은 아닌 것이 확실하다.

그러므로, 구원의 눈으로 성경을 보면
이 여자의 행동 모두는 하나님의 계획 속에 펼쳐지는
창조 과정 중 하나로 다가온다.
이것은 여자가 자식을 낳는 과정에 잘 나타난다.
이 여자는 남편 때문에 아이를 낳았다고 고백하지 않았다.
여호와로 인하여 자식을 낳았다고 고백했다.
비록 고통과 수고가 크게 더해지지만
아이를 낳을 것이라는 하나님의 선언이 있었기 때문에
자신이 생명을 낳을 수 있었다는 고백이다.

여자 모두는 당연히 아이를 잉태하고 낳는 것이라는 생각이
우리의 상식이지만, 잉태하고 낳게하는 생명의 주권이
하나님에게 있다는 것이 우선 인정되어야 한다.
모든 것이 처음 정해진 뜻대로 진행하되
하나님이 주권적으로 멈추시거나 닫으시는 경우만 있는 것이다.
또 멈추거나 닫힌 것들을 다시 진행하거나 여는 것도
하나님의 주권에 달려있다.

이러한 생명의 잉태와 낳음은

말씀의 영접과 새로 태어난 나의 자아를 말한다.

따라서 여자의 구원은

나를 구원하는 방법에 대한 설명이 된다.

디모데전서 2:14-15에

"그러나 여자들이 만일 정숙함으로써

믿음과 사랑과 거룩함에 거하면

그의 해산함으로 구원을 얻으리라"고 기록되어 있다.

하나님은 그 자신의 믿음, 사랑, 거룩함으로

자신의 짝, 자신의 반쪽을 정숙하게 만들어

그 생명의 씨를 잉태시키시고

아들을 얻게 하여 구원을 이루실 것이라는 말씀이다.

그러므로 여자의 구원 과정을 필요하게 만든 범죄와
이 범죄함의 선과 악의 분별도 하나님의 판단 영역이다.
그리고 이 분별은 하나님이라는 절대적인 기준이 있다.

그러나 우리의 선과 악에 대한 판단은
도덕규범의 내용과 현상에 대한 감정과 판단을 기준으로
상황별로 선과 악, 옳음과 그름을 규정 짓는다.
우리가 규정하는 선과 악은 상대적인 판단인 것이다.
힘이 가족과 사회를 지키는 정의로 규정되는 사회는
힘과 폭력이 사회의 공의를 가능하게 하는 최선의 도구가 된다.
이 힘과 폭력을 외부로 행사하여
자신의 사회를 안전하게 지키는 것도 공의이자 정의가 된다.
그러나 이 폭력을 당하는 쪽에서는 절대 악이다.
이러한 일이 가능한 것은
사람을 포함한 이 세상의 모든 것들은
하나님의 모형으로 형상화된 껍데기의 존재들이며
이 껍데기를 경계로 안과 밖을 나누기 때문이다.
자기의 안이라고 인식되는 최대의 경계는 대체적으로 선하고
그리고 그 바깥은 대체로 악하다고 규정한다.

그래서 이사를 하게 되거나 사업을 새로 개시할 때
주변에 선물도 돌리면서 새로운 이웃과 반가운 인사를 한다.
그런데 서로에게 선한 이웃이 되려는 이러한 노력과 의지는
자동차를 주차할 때 약간의 부주의로 주차선을 넘어버리는
작은 불편한 상황에도 서로 의견과 감정이 부딪히게 되고
심지어 악다구니와 욕을 주고 받으며 싸움이라도 하게 되면
마침내 서로 얼굴 대하기도 불편한 악한 이웃이 되어버린다.
이러한 선과 악에 대한 상대적이고 자기 중심적인 기준은
다른 문화를 가진 민족과 전쟁도 불사하게 하며
이기고 돌아온 사람들에게 살인자의 징계가 아닌
훈장과 포상으로 선의 표상으로 삼기도 한다.

누구나 자기를 고백할 때 하나님 앞에 죄인이라고 한다.
누구도 자기를 하나님 앞에 악인이라고 하진 않는다.
자신의 내면을 선하게 인식한다는 뜻이고
악한 면을 스스로 인정하여 나는 악인입니다 고백하면
하나님에게 멸망받지 않을까 하는 두려움이 있기 때문이다.
이러한 기준으로는 하나님의 선과 악을 이해하기 힘들다.
하나님 차원에서의 선과 악은 하나로 묶인 형태로 나타나며,
창조된 만물들의 양면성과 다양성을 가르치기 위한
하나님의 도구로 쓰이기 때문이다.

선과 악을 하나로 안다는 것은 좌우를 분별한다는 말과도 같다.
껍데기로는 죽고 내면적 생명이 시작된 상태를 말하며
하나님의 기준으로 선과 악을 이해한 상태가 되어
거듭난 삶에 대한 이해를 가지고 생명을 낳을 준비가 된 것이다.
아담과 그의 아내가 죄를 지어 하나님이 벌을 내리신 것 같고
이들의 죄 때문에 나도 죄 속에서 힘든 인생을 살아가는 것 같지만
이 인자들의 고통과 수고가 시작되지 않았다면
나의 구원은 시작되지 못했을 것이며
나도 부모가 될 기회를 얻지 못하고
깨 벗고 노는 어린아이 같은 영적 상태를 벗어나지 못했을 것이다.

나에게 죄 지은 자를 용서하는 것이
나의 죄를 용서하는 일이라는 가르침은
선과 악이 공존하는 상대적 삶을 살아가는 우리에게
이웃과 평화로운 공존을 이루게도 하지만
우선은 하나님과의 화해와 평화를 이루는 방법으로 제시된 것이다.

범죄한 여자의 죄를 규정하는 것은 하나님이 하실 일이며
이들의 죄를 원망하거나 규정하는 일에 대해서는
우리는 침묵해야 하지 않을까 생각해 본다.

우리끼리 하는 이야기

죄 그리고 죽음

선악과나무 사건 그리고 아담과 하와의 이야기를 읽으면서
가장 궁금했던 부분은 아담과 하와는 그 열매를 먹었는데도
바로 죽지 않고 자손들을 낳으며 오래오래 살다가
자신의 수명을 다 누리고 죽었다는 부분이었다.
아담과 하와가 영생하는 존재로 지어졌다는 이야기가
성경에는 없기도 하고
사람(에노스)이라는 히브리어가 '죽을 수밖에 없는 존재'라는
의미를 가진 것으로 보면 사람의 육체적 죽음은
이미 계획된 것으로 보이지만,
그런데도 아담과 하와가 하나님의 말씀을 어긴 이 후에도
이들을 대하시는 하나님의 반응을 보면
그들을 죽음으로 심판하실 의도는 없어 보인다.
오히려 그들이 죄를 짓기 전과 마찬가지로
보살피시고 찾아오시는 하나님으로 나타나신다.

그래서 성경에서는 죄를 어떻게 규정하고 있는지 찾아보니
죄 자체를 설명하는 단어는 '하타'인데
의외로 많이 쓰이지 않았으며
대게는 '악(라, evil)'이 무엇인가를 설명하는 단어를
'죄악'으로 번역한 것이 많았다.

'하타'는 '과녁을 벗어나다'라는 개념에서 출발한 단어이다.
이는 원래 의도했던 것에서 빗나간 것을 의미하는데
그렇다면 죄는 하나님의 의도와 뜻에 맞도록 노력은 했지만
하나님의 뜻에는 맞지 않은 상황을 죄라고 말하는 것이다.
과녁을 맞히는 것보다 빗나가는 상황이 많다는 것을
이미 아시는 하나님은 진리를 위해 노력하는 과정에서
벌어지는 상황들을 죄라고 표현하신 것 같다.
사람의 관점에서 보더라도
진리와 말씀의 원리를 이미 깨우치고 태어나는 사람은
없는 것이 순리이기 때문인데,
그러므로 성경이 말하는 죄는
진리를 향한 사람의 노력 중에 벌어지는 실패의 과정들이며
하나님의 무한대의 기다림 속에 주어지는
연단의 기회들을 말하는 것은 아닐까 생각된다.

사람이 정한 규율이 지배하는 세상살이 속에서
금지와 통제에 익숙한 우리들은
이 금지를 벗어난 것을 죄라고 규정한다.
그리고 죄를 지으면 필히 벌이 뒤따르는 것이며
특히 하나님의 벌은 영원의 형벌이라고 생각하는 것이 일반적이다.
그런데 하나님이 말씀하신 율법 그리고 금지와 통제는
진리의 증명을 위한 장치이며 사람이 이를 어기는 상황에서도
하나님이 의도하신 목적은 달성될 것이다.

이것은 하나님의 사명을 받은 사람들에게서
종종 볼 수 있는 것으로 이들은 금지와 통제를 어기는 것이
말씀을 완성하는 숙명이 되기도 한다.
장자권을 탐한 야곱이 이스라엘이라는 이름을 받은 것,
반석을 지팡이로 두 번 두드려 물을 낸 모세는
이 일로 이스라엘을 가나안으로 이끌고 들어가지 못했지만
예수님의 예표인 여호수아의 등장을 위한 배경이 되었고,
예수님도 당대의 장로들이 정해 놓은 강령들과
잘못된 율법 적용들이 금지하는 것을 어기시며
하늘의 진리를 전하셨다.

보통 사람들의 경우에도
사람의 삶 전체가 하나님의 창조로 지어졌으며
말씀을 나타내기 위해 지어진 점을 생각하면
보통 사람의 보통의 삶에도 나름의 사명들이 숨겨져 있다.

부모가 된 성인에게서 찾아 볼 수 있는 것으로
어린 아이를 기르거나
사회의 선배로서 후배들을 돌볼 경우를 예로 들 수 있다.
부모는 어린 아이의 성정기에 겪는 실수들을 죄라고 하지 않는다.
오히려 격려되고 가르치는 기회로 활용한다.
또 일의 숙련도가 떨어지고 경험이 적은 후배들에 대해
선배들은 일이 잘못될 경우를 미리 고지하고
난이도가 쉬운 일부터 시작하여
차근차근 경험을 쌓도록 도와주며
실수가 일어나도 수습할 수 있는 기회와 방법을 제공한다.
다만 고의적이고 속이기 위한 경우에는
사회적 약속에 근거한 벌이 적용될 것이다.
하지만 이 벌들도 교정을 위한 목적이지
제외와 소멸을 위한 것은 아닌 것이다.

그러므로 죄는 완성을 위한 과정이며
용서라는 화해와 이해의 과정도 필수적이다.
이러한 과정들을 거치며 죄 지은 자도 죽지 않고
죄를 벌하거나 심판할 사람도 없어지는 것이
예수님이 주기도문에 말씀하신 죄 사함의 과정이고
이러한 과정을 통해 사람이 생명 자체로 인정받고
온전하게 자라나는 것이 아닐까 생각해본다.

그리고 아담과 하와의 죽음에 대해서
현실적 죽음을 대입하여 설명하기는 어렵다.
현실에서 벌어지는 육체적 죽음은
시기, 장소, 이유 등을 특정하거나 평가 할 수 없고
죽음 이후는 사회, 문화적으로 축적된 경험이 없기 때문이다.
그리고 죽음 이후에 대한 성경 기록이 거의 없다는 것으로 미루어
현재를 살아가는 우리에게 육체적 죽음 이후의 일들은
미리 알아둘 일은 아니라는 뜻으로 이해하고 싶다.

그래서 죽음을 성경적인 관점으로만 보자면
살해 당하는 경우를 제외하고 대부분의 죽음은
다시 살아나는 것을 전제로 나타난다.
특히 신약의 사복음서에서 이런 경향이 많이 보인다.
이를 하나님의 기적으로 볼 수도 있지만
이는 말씀으로 거듭난 상태를 말하는 것으로 보고싶다.
이를 육체적인 부활로 한정할 경우
육체적 죽음이 없는 영원한 땅에서 삶이 실현된 경우가
증명된 사례가 없기 때문이다.
그러므로 성경의 죽음은
하나님의 말씀에 대한 자각을 가지게 된 사람이
자신의 이전 상태를 버리는 과정으로 이해될 수 있다.

이것은 애벌레가 고치를 지어 번데기가 되는 과정과 같은데
애벌레로서는 죽고 날개를 가진 성충으로 다시 태어나는 것이다.
땅을 기어 다니던 존재가 하늘을 날아다니는 존재가 된 것이다.
그래서 성경의 죽음이란
땅의 차원을 살다가 하늘의 차원으로 거듭나는 과정이며
말씀이 성장하면서 겪는 통과의례를 말한다고 생각된다.

또 아담의 죽음과 그 죽은 나이만 기록되고

하와의 죽음이 기록되지 않은 것에 대하여는

아담의 사역이 완성된 상태를 묘사하는 것으로 볼 수도 있다.

지금의 지식으로는 해석하기 불가능한 부분이지만

고대에는 숫자를 형용사적 용법으로 사용하여

숫자에 상징과 내용을 부여하여 정보를 전달했다.

광범위하고 많은 설명이 필요한 아담의 사역 내용을

숫자에 압축하여 전달하는 효율적인 정보전달 방식이다.

아담 자손들의 족보에 나오는 자손을 많이 낳았다는 표현도

그 생명의 씨를 전달받은 여자들이 많이 있으며

그 씨가 많은 열매를 맺어

하나님의 뜻이 잘 전달되었다는 것으로

이해하는 것이 좋을 것 같다.

또 죽음과 비슷한 잠잔다는 표현도 있는데
이는 하나님의 말씀을 깨닫지 못하고 살아가는 상태를 나타낸다.
우리의 주변은 하나님이 창조하신 것으로 가득하다.
성경에 나타나는 사건과 기록들을 잘 모른다 하더라도
말씀의 원리를 알 수 있는 것으로 채워 놓으신 것이다.
우리 눈에 보이는 것과 귀에 들리는 모든 현상들이
하나님의 말씀을 나타내고 있는 것이며
글과 상징을 통하지 않고도 말씀을 우리에게 전달하시는
하나님의 배려인 것이다.

그런데 이러한 현상들을 통해 말씀의 진리에 접근하지 못하고
반복되는 계절처럼 신앙이 헛바퀴 도는 것을
잠잔다는 말로 비유 된 것으로 보인다.
이렇게 잠자는 상태를 깨우는 것이 복음의 소리이고
땅의 삶만 살다가 하늘적 차원의 삶의 가치로 전환되는 것이
성경이 말하는 죽음이 아닐지 생각을 정리해 본다.

03. 가인 ······ 얻다, 돈을 주고 사다, 구원하다

가인은 어떤 인물이가요?

아담의 일을 이어간 첫 아들

가인은 아담과 하와의 첫아들이다.
하와가 가인을 임신하여 낳을 때
"내가 여호와로 말미암아 득남하였다"라고 말했다.

가인은 농사를 했는데
'농사'는 하나님이 '아담'을 에덴에 두실 때
에덴을 위해 아담에게 명령하신 일 중 하나인
'경작하라(아바드, serve)'와 같은 단어이다.

'경작하라(아바드)'는 '일하다, 봉사하다'와
'종노릇하다.'라는 의미가 있다.
일상생활에서의 섬기는 봉사,
종으로 부림받는다는 의미와 함께
성막과 성전에 봉사하던 제사장들에게도 쓰인 말로
종교적 봉사의 의미도 포함하고 있다.
이런 면에서 볼 때 아담은
에덴에서 하나님을 섬기는 일도 명령받은 것으로 볼 수 있다.

그러므로 가인이 농사하였다는 것은
아담과 하와가 에덴에서 쫓겨난 이후에도
아버지 아담이 에덴에서 했던 대로
땅의 경작과 함께 종교적 봉사에 노력을 기울였으며
아담의 일을 가인이 반복하고 있었다는 것으로 이해할 수 있다.

세월이 지난 후에

가인과 아벨은 각자의 제물로 하나님께 드렸다.
그런데 여기서 '세월이 지난 후에'는
단순히 오랜 시간이 지났다는 의미보다
'시간의 극단 끝에 다다랐다'는 의미이다.
즉 가인과 아벨이 어떤 추수의 시간을 맞은 것인데
이것은 매년 돌아오는 추수의 시간을 가리킨다기 보다
하나님과 함께 결산하는 시간이 다다른 때로
이해하는 것이 좋을 것 같다.

왜냐하면 하나님께 제물을 드린다는 것은
하나님의 말씀을 자기 자신의 삶에 적용하여 얻은
결과물을 가지고 하나님 앞에 나왔다는 것으로 이해되며
신의 노여움을 풀고 복을 빌기 위해 최고의 선물로 골라 드리는
이방적 제물의 성격과는 완전히 다른 것이기 때문이다.
이것은 사람과 하나님이 하나의 마음으로 통했는지
알아볼 수 있는 답안지이며 드리는 사람 자신을 투영한 것이다.
하나님은 이 제물을 통해
드리는 사람들의 결과물을 함께 평가해 보시고
그 평가를 통해 하나님의 뜻을 더욱 자세히 알도록 가르치셔서
더욱 높은 말씀의 차원으로 이끄신다.

가인과 아벨은 이러한 결산의 시간에
자신들이 그동안 해왔던 결과물을 하나님 앞으로 가지고 나왔다.
가인은 자신이 경작하던 땅의 소산으로 여호와 앞으로 나왔고
아벨도 자신이 돌보던 양의 첫 새끼와 그 기름으로 나왔다.
그런데 하나님은 가인과 그의 제물은 쳐다보지도 않으셨다.
그러자 가인은 분노했다.
안색이 변할 정도로 분이 올라왔다.

이러한 가인을 보신 여호와는
"선의 행함이 없으면 죄가 문에 엎드리니
그 죄를 다스리라"고 말씀하셨다.
여호와의 꾸중을 들은 가인은 아벨과 들에 있을 때
아벨을 쳐죽이고 최초의 살인자가 되었다.

이후 아벨이 어디 있느냐고 물으시는 여호와의 물음에
내가 동생을 지키는 자냐고 되물으며 발뺌했다.
그러나 땅에서 호소하는 아벨의 핏소리를 들으셨다고
여호와께서 말씀하시며 가인을 그 땅에서 쫓아내셨다.
가인은 이제 아담처럼 그 땅에서 쫓겨나
유리방황하는 삶을 살아가게 된다.

그런데 이러한 최초의 살인을 저지르고 쫓겨나는 가인에게
하나님은 피해다니다 만나는 자에게 죽임을 면하는 표를 주셨다.
여호와는 멸망의 죄를 저지른 가인에게 죽임을 면할 표를 주시고,
가인은 놋 땅에 정착하여 자손도 낳았고,
자신의 성도 쌓았으며 그 자손들의 족보가 성경에도 올라와 있다.
가인 자손 중에
야발은 장막에 거하며 가축을 치는 자의 조상이 되고
또 유발은 수금과 퉁소를 잡는 모든 자의 조상이 되었으며
이복형제인 두발가인은 구리와 쇠로
여러 가지 기구를 만드는 사람이 되었다.

가인

에녹
봉헌하다

이랏
도망자 (은퇴하다)

므후야엘
하나님이 닦아내 지우다.

므드사엘
하나님의 성숙한 사람

아다
장식하다

라멕
노아 아버지와 동명이인

씰라
(보호하는)그늘, 그림자

야발
흐르다

유발
흐르다

두발가인
가인에서 흐르다

나아마
기쁨, 희락

가인의 자손들

가인의 이름은 몇몇 셈족의 언어에서는 '대장장이'를 뜻한다.
실제의 역사 속에서도 그들은 쇠를 잘 다루어
여러가지 기물을 만들어 내는 종족으로 인식되고 있는 것이다.
가인의 자손들이 수금과 통소를 다루고
구리와 쇠로 여러 가지 기구를 만들었다는
창세기의 기록이 이를 뒷받침 하고 있는데(창 4:21-22).
이 내용은 그들이 단순히 쇠를 다루는 일에 종사했다기보다
제사에 쓰이는 기구와 기물들을 만들었다는 것으로,
장막에 거하였다는 것은 제사에 관한 일과
그 제사에 종사했다고 이해하는 것이 성경적일 것이다.
가인은 그 땅에서 쫓겨났지만 여전히 그 땅의 일을 하고 있으며
신앙의 외형적 모습에 집중하는 것에 대한 경고로
하나님이 이 땅에 영원히 남겨두신 표시이다.

그가 또 [가인]의 아우 아벨을 낳았는데
아벨은 양 치는 자였고 가인은 [농사]하는 자였더라 (창 4:2)

[가인] 카인 – 얻다, 돈 주고 사다, 구속하다
[농사] [농] 아다마 – 땅
         [사] 아바드 – 일하다, 종노릇하다

한발 더 들어가기

가인은 어쩌면
선과 악의 기준을 가지고 사는 사람의 표본으로 보인다.
옳고 그름, 좋고 나쁨을 분리하여
자기가 옳다고 여기는 한쪽을 선택하는 사람이다.
이러한 사람은 자신이 옳다고 선택한 것만을 진리로 받아들이고
자신이 받아들이지 못해 선택되지 못한 것에 대해서는
무시해버리거나 심지어 악으로 규정하기도 한다.
이것은 종교의 잘못된 속성에도 나타나는데
자신이 속한 종파의 뜻에 맞지 않는 것은 악으로 규정하고
폭력적이고 물리적인 행동을 저지르거나
전쟁도 불사하는 태도 등이다.

가인이 행한 땅에 대한 경작 '농사'는
세상 기준에 의한 종교적 활동을 상징하는 것이며
이것이 땅에 대한 종노릇이라고 말할 수 있다.

이러한 기준을 가진 가인은

여호와께서 자신이 가지고 나온 결과물들과 자신에게

눈길도 주지 않으시자 분노하고 말았다.

가인과 가인의 제물은 여호와의 뜻에서 이미 벗어나 있었는데도

가인은 여호와의 뜻은 무시하고

자신이 종노릇처럼 땅에 봉사하여 얻은 결과물이

인정받지 못한 것에 대해 분노했다.

그런데 이 분노가

동생을 죽일 만큼의 큰 원인이 되었는지는 의문이다.

물론 이 결과물에 대한 여호와의 외면은

가인의 입장에서는 인생 전체를 외면당한 것과 같다.

가인은 크게 실망하고 원통했을 것이다.

그러나 그는 아담의 자손이며

제사장의 직분을 수행한 것과 같은 위치에 있었다.

얼마든지 자신의 결과물에 대한 반성과 성찰의 능력이

있어야 하는 사람이었다.

가인이 빗나간 행동을 한 이유에는
가인 자신을 중심으로 한 선과 악을 분별하는 기준이
그를 잘못된 행동을 하게 한 첫 번째 이유가 되었고
두 번째 이유는 가인이 여호와의 말씀을 오해했던 것 같다.
"죄를 다스리라"는 말씀은
"그를 다스리라"는 말과 같다고 볼 수 있기 때문이다.
이 여호와의 말씀을 오해한 가인은
아벨에게 자신이 여호와의 말씀을 잘못 이해한 일을
그대로 행해 버린 것으로 보인다.
그들이 들에 있을 때
가인은 아벨 위에 우뚝 서서 아벨을 쳐 죽인 것이다.

들(사데, field)은 제사를 지내는 너른 마당을 일컫기도 한다.
아벨은 가인이 행하는 '죄를 다스리는 제사'에 갔다가
희생양이 된 것이다.

이러한 가인의 행동은
외형적인 제사와 경배에 관심이 집중되었기 때문이다.
출애굽기에서 하나님은 이스라엘 백성에게
성물의 제작에서 하나님 앞으로 가져올 제물과
제사장이 하는 일 등을 직접 세세하게 가르치셨다.
이러한 이유는 여호와가 가르치신 제사의 외형적 형태가
결국 이방의 제사와 유사한 형식이 많기 때문이다.

그러나 이방의 제사와 하나님의 제사가 다른 이유는
하나님이 직접 모든 방법을 알려주셨다는 것과
이방의 제사처럼 목숨을 빼앗는 제사가 아닌
하나님 앞으로 나온 사람들을 하나님이 직접 만나시고
그 사람들의 내면에 하나님의 말씀을 가르치셔서
그 사람이 생명을 가지고 살게하려는 목적 때문이다.
그러나 이러한 가르침도 사람의 기준으로 이해되고 변질되어
결국 이스라엘의 제사도 생명을 죽이는 제사가 되고 말았다.
구약의 선지자들이 경고한 피 흘리는 제사,
헛된 제사를 하나님이 도저히 참을 수 없으니
성전 문을 닫을 자가 있었으며 좋겠다고 하신
그러한 제사이다.

가인은 이제 더 이상 농사를 하지 못하게 되었다.
이제 그는 더 이상 종교적인 봉사와 노력을 하지 못하게 된 것이며
하물며 그 노력을 다시 하더라도 그 소산은 얻지 못 할 것이다.

하나님은 그 땅에 피흘린 가인을 쫓아내셨다.
또한 성경의 많은 등장인물들에게도
자기의 살던 곳을 떠나라고 명령하시고 쫓아내신다.
우리도 마찬가지로 떠나야 할 그 땅에 정착하기 원하고
쫓겨난 후에도 그 땅으로 돌아가려고 애쓰고 있지 않은지
또 그러한 땅에서 얻은 소산을 가지고
하나님께 드리기 위해 나오고 있진 않은가 돌아보아야 한다.
그 땅은 피의 제사로 얼룩진 곳이기 때문이며
생명의 진리는 깨닫지 못하는 죽음의 땅이고
그 땅의 소산은 하나님의 뜻을 나타내지 못하기 때문이다.

실패하는 처음 것으로 나를 보여줄 것이다.

처음 난 모든 것은 다 거룩히 구별하여 내게 돌리라
이는 내 것이니라(출13:2)

아담의 아들 가인은 이렇게 여호와의 말씀에 어긋나
자신의 아버지처럼 그 땅을 떠나야만 했다.
그런데 이런 상황의 전개 속에 놓여진 가인의 실패는
필연적인 것으로 보인다.
보통 성경에 등장하는 '처음 난 것'들은
실패하고, 죄를 짓고, 쫓겨나기 때문이다. (아담, 가인, 에서... 등)
하지만 하나님의 소유인 처음의 것들은 완전하고 온전하여
하나님의 뜻을 잘 전달하는 완벽한 말씀의 전달자가 되는 것이
우리의 상식이 아닐까?

가인도 '처음 난 것(배코라, First Born)', 첫 아들이다.
하나님은 처음 난 것을 자신의 소유라고 말씀하셨다.
이 말은 하나님이 자신의 소유를 맘껏 사용하셔서
하나님의 뜻을 정확하게 펼쳐 보이시겠다는 말씀으로 들린다.

이렇게 하나님의 소유로 처음 난 것들이 실패하는 이유는
하나님이 자신의 의도를 보여주시려는 것으로
하나님이 자기의 처음 것들을 버리시고, 쫓아내버리시고
또 자기의 것을 포기하시는 과정을 보면서
처음 난 것들로 부터는
하나님 말씀의 모범을 취하지 말라는 메세지이다.
왜냐하면 처음 난 것들의 면면들이
말씀을 외면적으로 보여주는 의미들이 함축되어 있다.
이것들은 사람의 감각으로는 볼 수 없고 들을 수 없는
하나님의 말씀을 드러내기 위한 목적으로 보여주는 것이므로
두 번째로 따라오는 내면의 것들을 잡으라는 메시지이며
'처음 난 것'은 너희 것이 아니니 손도 대지 말라는 것이다.

하나님은 필연적 실패를 통해 온전한 완성으로 가는
필수적 과정을 제시하고 계신다.(롬 11:1-12 참고)
자라나는 아이들을 예를 들자면
아이들의 실패는 필연적인 것이다.
이러한 실패를 통해 아이들은 자신의 내면에 경험을 쌓고
그 경험들을 기억하고 분석하면서
성숙하고 온전한 어른으로 자라나갈 것이다.
그 과정을 지켜보고 올바른 선택을 하도록 기다려주는 것이
부모의 올바른 자세이며 하나님의 뜻일 것이다.
하나님은 필연적 실패를 겪은 이들을 따뜻하게 보살피시며
자라나는 과정 내내 지키보고 계실 것이기 때문이다.

가인이라는 이름의 뜻은 '얻다, 소유하다'이다.

하와는 가인을 낳고

"여호와로 말미암아 득남(아들을 얻다)하였다"(창 4:1)라고 말했고

여기서 '얻다(카나, gain)'가 가인의 이름이 되었다.

따라서 하나님은 가인이 자신의 소유임을

그의 이름을 통해 선언하신 것이다.

그래서 그에게 죽임 당하지 않을 인,

자신의 소유라는 낙인을 찍어주셨다.

또 '얻다(카나)'는 구속 받아야 할 존재를

'값을 치르고 얻어내다'라는 의미로 구약성경에 쓰인다.

따라서 가인은 죄 지은 존재를 구원하시려는

하나님의 의지를 나타내는 인물이 된다.

이것은 하나님 자신이 대속 값(카나)을 치르고

죄 지은 존재들을 완전한 자기 소유(가인)로 만드실 것이라는 뜻을

가인을 통해 보여주시는 것이다.

우리끼리 하는 이야기

학교에서나 직장에서

최선을 다해 준비한 학습 결과물이나 기획안을

교수님이나 직장 상사가 받아 보고 아무 반응이 없다면

어떤 부분이 잘못 되어 아무 반응이 없는지 전전긍긍할 것이며

또 이 결과물에 대해 무시하거나 혹평을 한다면

당황스럽고 화도 날 것이다.

물론 자신의 능력이 부족해서 생긴 당연한 결과일 수도 있겠지만

한 그룹 안에서 함께 계획하고 실행하는 과정에서

각자의 노력과 수고를 서로 알고 있는 상황이라면

준비하는 과정에서 소요 된 열심과 성의가 무시된 점은

개인의 감정을 상하게 할 수밖에 없다.

그런데 하나님이신 여호와도 가인에게 이렇게 대하셨다.

가인이 여호와 앞으로 가져온 제물은
가인의 입장에서 최선을 다해 준비한 것이지만
여호와는 가인의 제물을 쳐다보지도 않으셨다.
여호와는 가인의 성의와 수고만이라도 칭찬해 주시고
가져온 제물에 대해 어떤 점이 잘못 되었는지
다음에는 잘 준비하라는 이야기를 해주실 만도 하지 않은가?
그런데 오히려 여호와는
자신이 가지고 온 제물을 받아주시지 않는 상황에
분을 내는 가인에게 꾸지람까지 하신 것이다.
나름 정성스럽게 선물을 준비했지만
선물을 받는 사람이 그 선물을 받지 않으면
실망스러운 마음과 화가 나는 것은
사람으로는 자연스러운 반응이 아닐까?
여호와는 왜 이렇게 가인에게 냉정하게 대하신 것일까?

명절이나 특별한 기념일에

어른들에게 드리는 선물을 준비하는 경우

자신이 할 수 있는 능력에 맞추어

가장 좋은 것으로 선물을 고르고 그것을 드린 후

받는 사람의 기쁨을 드리는 사람도 함께 나눈다.

이 선물은 서로의 마음을 확인하고

그 마음의 정도를 가늠하며 비록 가격이 저렴하더라도

드리는 사람의 마음을 생각하며 더욱 기쁘게 받아들여지는 것이

우리가 가지고 있는 선물에 대한 관념일 것이다.

이러한 것은 하나님께 드리는 헌물이나 헌금에도 적용이 되며

이러한 자세로 하나님께 드리는 것이

바른 자세임을 어려서부터 교육 받아왔다.

초등학고 시절의 기억 중에

교회에 가기 전날 부터 미리 헌금을 준비하곤 했는데,

은행에서 새 돈으로 바꾸어 오거나

시간이 여의치 않아 가지고 있는 것 중에서 골라야 할 때는

깨끗한 돈으로 골라 봉투에 담기도 했고

조금 구김이 있는 것은 다리미로 다리기도 했다.

적은 금액이지만 고사리 손으로 미리 헌금을 준비하며
목욕도 깨끗이 하고 주일을 기다렸던 것이다.
하나님 앞에 나의 최선을 다하던 작고 어린 마음은
청년으로 자란 후에도 동일하게 지켜가고 있었다.
그런데 이런 나의 마음이 하나님에게 외면당할 수 있다는 것은
큰 충격으로 다가왔으며,
그렇다면 어떤 마음과 제물로 하나님께 다가가야 하는지
어려운 질문이 생겨나게 되었다.

출애굽기와 레위기를 보면 하나님께 나오는 사람에게
하나님은 자신에게 가져올 제물의 종류와 드리는 방법 등을
지나치다 싶을 정도로 세세하게 설명하고 계신다.
하나님이 자세하게 자신에게 가져올 제물을 지정하신 것은
하나님이 받고 싶은 물품과 방법을 지정하신 것은 아닐 것이다.

오랜 시간이 흐른 후에 하나님의 제물에 대한 자세한 설명속에
무언가를 알려주고 전달하시려는 목적이 있다는 생각이 들었다.

하나님이 제물로 가져올 것과 드리는 방법을
아주 자세하게 설명하신 것은
하나님이 받고 싶은 선물을 지정하신 것이 아니라
선물을 드리는 이유와
드린 결과가 무엇인지 알게 하려는 목적이 있기 때문에
세세하게 지정하신 것이라고 생각하게 되었다.
제물과 제의를 통해
하나님이 어떤 마음으로 사람을 대하고 계신지
어떻게 하나님의 마음을 전하고 있는지 가르치고 계신 것이다.

지금의 교회들은 옛 이스라엘의 경우처럼
제사를 드리지는 않기 때문에 제물이 정해지진 않고
자신이 드릴 수 있는 것 중에서 좋은 것으로 가지고 간다.
그래서 이러한 하나님의 의도를 파악하기 더 어려울 수도 있다.
자신이 중요하고 소중하게 여기는 것을
하나님께 드리는 점만 부각되었기 때문이다.

우선 하나님께 드리는 제물에 대해 알아보면
제물로 번역되는 몇 단어가 있는데
그 중 가인이 드린 제물(민하, offering)은 '나누다, 분배하다'
그리고 '~에게 주다'라는 의미가 있으므로
'자신의 것을 나누어 ~에게 준다.'라는 의미가 있다.
그러므로 가인은 자신이 가지고 나온 것을
여호와와 함께 나누려고 했다는 의미가 된다.
그런데 가인이 가지고 있던 것들은
모두 하나님께로부터 온 것이며
하나님이 가인의 삶을 위해 나누어 주신 분깃이었다.

그러므로 제물(민하)은 하나님께 받은 삶을 살고 난 후
그 삶의 결과물을 하나님께 가지고 나와
자신이 살아온 삶이 하나님의 뜻에 맞게 살았는지
하나님과 함께 알아보려는 목적으로 가지고 오는 것이다.
이러한 가인의 제물을 여호와께서는 받으시지 않고
오히려 죄의 열망이 너를 원하고 있다고 말씀하셨다.

여호와의 말씀을 통해 두 종류의 제물이 있다는 것을 알 수 있다.

죄의 열망이 원하는 제물과

하나님과 함께 나누게 되는 제물이다.

가인이 자신이 만난 하나님을 땅의 가치로 증거한 것과

아벨이 하나님의 아들을 상징하는 양을 제물삼아

하나님과 함께 나눔으로 자신의 하나님을 증거한 것 두 가지이다.

그래서 여호와는 가인의 제물은 받지 않으시고

아벨의 제물은 받으신 것이다.

그런데 가인이 아벨을 죽여서 아벨의 제사도 멈추고 말았다.

그리고 이 두 아들이 아담의 족보에 기록되지 않은 것과

노아가 홍수 이후 번제를 드릴 때까지

오랜 세월 동안 하나님께 드리는 번제나 제사에 대한

기록이 없는 것으로 볼 때

하나님은 제사나 제물을 항시 받으시기 원하시는 것이 아니며

가인과 아벨의 제사를 통해

하나님과 나누는 제물이 무엇인가를 보여주는

특별한 내용을 제시하신 것이라고 이해하게 되었다.

그리고 하나님의 제사는 말씀의 내면을 설명하기 위한 장치들로
실제로 소와 양 등을 죽여서 드리는 이방의 제사와는
완전히 다른 개념이 아닌가 하는 생각이 들었다.
출애굽기와 레위기에는 소와 양 등
제물을 죽여서 드리는 제사에 대한 설명이 들어있지만
세월이 흘러 선지서 등의 기록에는
하나님이 원하시는 제사와 제물은
피 흘리고 죽이는 것은 아니었다고 기록되었기 때문이다.

외형적으로만 보자면 성막과 성전의 구조는
희생 제물을 드려서 하나님께 나아가는 구조이다.
이러한 내용은 이방의 신전과 제사에서도 발견된다.
그렇다면 하나님은 사람이 가지고 있는 닮은 꼴을 가지고
자신을 설명하고 계신 것으로 이해된다.
하나님의 제사와 이방적 제사가 외형적 형식에서
닮은 부분을 보이는 것은 어쩔 수 없는 것으로 보인다.

아이들에게 병과 죽음을 가르치기 위해 의사놀이를 하고,
삶의 현장과 역할을 교육하기 위해 소꿉놀이를 하는 것처럼
교육은 환경과 수준에 맞추어 할 수밖에 없기 때문이다.
그러나 이러한 교육의 장에서 실제로 수술을 하거나
실제로 부부의 연을 맺지 않는 것처럼
하나님이 자신의 마음을 나누고 가르치기 위해 주신 성막에서
생명의 피를 흘리는 일을 진짜로 원하지는 않으셨을 것이다.
더욱이 그 제물들은 하나님을 상징하는 소이고
하나님의 보내신 아들을 상징하는 양이며
하나님의 소식의 전달을 상징하는 비둘기이기 때문이다.

소를 제물로 드린다는 것은 하나님에 대한
자신의 이해와 생각을 하나님 앞으로 가져오는 것이며
그것들을 해체하고 불살라서 성소와 지성소로 가져가서
새로운 하나님의 이해를 받아오는 것이
제사의 근본적인 의미가 아닐까 생각해 본다.
실제 소를 죽여서 제사를 드릴 수도 있겠지만
자신이 직접 소를 죽여야 하는 상황에 처해 본다면
그 이후에는 아마도 여러가지 충격과 깨우침이 있을 것 같다.

그런데 이스라엘 백성들은 하나님의 성전에서
매일 소와 양을 죽여 바치는 제사를 함으로
성전은 항상 피비린내가 진동하는 죽음의 장소가 되었다.
하나님을 위해 드리는 제물이라는 명분이 있으므로
생명을 가진 짐승을 죽이는데 망설임이 없어지고
그 생명에 대한 의미는 생각하지 않은 것이다.
시키는 대로 하는 것도 배움의 방법이지만
왜 이렇게 시키는 지에 대한 고민도
성숙한 성인으로 해야 하는 일이 아닐까하는 생각이 든다.

제물은 내가 하나님께 드리는 나의 최선의 것이며
내가 가장 소중하게 생각하는 선물이다.
나의 것을 하나님께 드림에 있어
그 중심이 어디에 있는지는 먼저 생각하야 한다.
하나님께 드림은 하나님과 함께 하는 나눔이며
이 나눔을 통해 하나님을 알고 이해하는 것이
제사와 예배의 최종적인 목적으로 생각되기 때문이다.

04. 아벨 ·············· 텅 빔, 허무, 숨, 수증기

아벨은 어떤 인물이가요?

이동하는 때를 돌보는 아들

아벨은 아담과 하와의 두 번째 아들이자 가인의 동생이다.

그런데 아벨은 가인과 대비되는 쌍둥이 형제로 보는 것이

말씀을 이해하는 올바른 시각일 것이다.

그 이유는 하와가 아벨을 낳을 때

'그가 [또] 가인의 아우 아벨을 낳았다'고 기록되었는데

'또'라는 단어는 히브리어로 '야샤프'라고 하는데

이는 '더하다, 증가하다'라는 의미이고

애굽에 팔려간 요셉의 이름과 동일한 뜻이기도 하다.

형제들의 구원자 역할을 하는 요셉의 이미지를 떠올리면

아벨은 가인과 하나의 짝으로 대비되면서

가인의 존재 의미를 넘어선 차원을 제시하는 인물로 생각된다.

아벨은 성경에 나타나는 최초의 '양 치는 자'이다.

'양(쩨온, flock)'은 우리에게 친숙한 동물인 양을 가리킨다기 보다

'이동하는 떼, 무리'를 의미한다.

이것은 광야처럼 척박하고

황무지처럼 생명의 기운을 찾아보기 어려운 상황에서

자신들의 생명을 이어줄 먹이를 찾아 헤매는 무리들을 의미한다.

이 무리는 하나님의 특별한 선택을 받은 무리로

이 무리가 이동하는 것 자체가

하나님의 뜻을 나태내기 위한 행진이다.

또 '치는(라아, look)'은 '보다, 돌보다'라는 의미로

'가축을 기른다'는 의미와 '눈으로 보다'라는 의미가 있다.

이것은 '특별한 시선'을 상징하는 것으로

하나님이 사랑하는 자를 보시는 관심어린 시선과

특별한 사랑으로 먹이를 먹인다는 의미가 함축되어 있다.

즉 '이동하여 다니는 무리를 돌보고 먹이는 자'라는 의미에서

아벨은 예수 그리스도의 한 측면을 보여주는 인물이기도 하다.

아벨은 가인과 함께 결실의 시간이 되어
여호와 앞으로 나아왔는데
양의 첫 새끼와 기름으로 하나님에게 드렸다.
그런데 '드렸다'라는 것이 '나아오다'라는 뜻이므로
'하나님 앞으로 무리의 첫 번째 낳은 것 중에서 최상의 것으로
아벨 자신이 나아왔다'는 것으로 이해하는 것이 좋겠다.

아벨이 자신을 양의 첫 새끼로 나타낸 것은
무리의 처음 난 것(베코라first Born)을
하나님이 자신의 소유라고 선언하셨기 때문이다.
이 처음 난 것을 통해 하나님 자신을 드러내시기 때문에
아벨은 자신을 하나님의 소유이자
그 뜻을 드러내는 목적으로 사용하시도록 드린 것이다.

그리고 아벨이 드린 기름은
말씀 자체와 그 말씀이 가지고 있는 중심가치를 상징한다.
이것을 여호와 앞으로 가져온 것은
아벨 자신의 모든 인생이 여호와로 집중되어 있으며
그 가치를 통해 살아온 결과물 모두가
여호와로 부터인 것을 고백하고 있는 것이다.
또 그리스도(기름 부음)의 사역을 통해
자신의 구원이 이루어진다는 것도 고백하고 있다.
이 양의 첫 새끼와 기름이 아벨의 인생 전부이며
이것으로 자기 자신의 정체성으로 드러낸 것이다.

그래서 여호와는 아벨 자신과 아벨이 가져온 것의
내면적 의미를 유심히 보신 것이다.
아벨의 이러한 나옴은 동물을 죽여 하나님께 드리는
피의 제사를 드렸다는 것에 의미를 둘 것이 아니라
하나님에 대한 이해를 낱낱이 고백하고 있는 것으로
이해하는 것이 좋을 것이다.

여기서 여호와가 아벨의 제물을 '받으셨다(라아, look)'는 것도
'응시하다, 놀라서 보다'라는 것으로
'아벨이 양을 치다'에서 본 것처럼 '특별한 시선'과 동일하다.
여호와는 자신의 뜻을 잘 나타내는 아벨의 나옴에 대해
놀라운 마음으로 자세히 둘러보신 것이다.
반면 가인 자신과 가인의 제물은
여호와의 뜻을 보여주지 못하는 '땅의 종노릇'의 결과물이어서
하나님이 눈길도 주지 않으신 것으로 보인다.

결국 영적 제사에 대한 이해를 깨닫지 못한 가인은
아벨을 쳐 죽이게 되고 그의 의로운 피는
땅에서부터 여호와께 호소하게 된다.

> 그가 또 [가인]의 아우 아벨을 낳았는데
> 아벨은 양 치는 자였고 가인은 [농사]하는 자였더라 (창 4:2)

[아벨] 헤벨 – 숨, 수증기, 텅 빔, 허무
[양] 쩨온 – 이동하는 때,
[치는] 라아 – 돌보다, 풀을 먹이다

헛되고 헛되며 헛되고 헛되니 모든 것이 헛되도다 (전 1:2)

아벨이라는 이름에는 '숨, 증기'라는 뜻과
'텅 비다, 공허, 허무'라는 뜻이 있다.
아벨의 이름이 '허무'에서 비롯되었다는 것은
우리에게 많은 의문점과 생각이 들게 한다.

아벨과 가인의 제사는
하나님이 제사를 통해 보여주시는
구원에 대한 두 가지 모형이다.
첫째, 그의 형 가인은 구원자를 핍박하는 자들을
나타냄과 동시에 구원 받아야 하는 자들을 나타내는 모델이며
둘째, 동생 아벨은 구속 받을 존재들을 위해 '목숨'을 내어주고
'텅 빈' 죽은 존재로 돌아가는 구원자의 모형을 나타낸다.
이 두 모형이 하나를 이루어 완전한 구원을 설명하고 있는 것이다.

제사는 죽음을 필수 전제로 한다.

제사의 죽음은 생명을 얻기 위한 유일한 조건이다.

이방적 제사는 어떤 이의 생명을 빼앗아

다른 이의 생명을 이어가길 바란다.

그러나 여호와의 번제에서

번제는 사다리를 타고 올라간다는 뜻으로

겉모습의 삶에서 내면적 삶으로 삶의 기준이 바뀌고

이를 통해 하늘적 삶을 살게 되는 변화를 말한다.

그러므로 여호와의 번제에서 필요한 죽음은

생명을 빼앗는 죽음이 아니라

육적 생명이 영적 생명으로 대체되는 죽음이다.

여호와 번제의 대상물이 소, 양, 비둘기로 대표되는 이유도
이것들이 하나님, 하나님의 아들, 성령을 상징하기 때문이다.
여호와의 제사에서 필요한 죽음의 첫째 조건은
새 생명으로 다시 살아나는 것이다.
현상적이고 육체적인 죽음을 초월한
생명의 영원한 순환을 가능하게 하는 것은
하나님 자신의 생명이라고 가르치시는 것이다.

그러므로 여호와의 제사에서의 죽음은
제사의 외적 형식이 중심이 되어서는 안되는 것이다.
외적 형식은 죽음의 내용을 교육시키기 위한 장치인데
이 외적 형식에 집중하는 율법은 죽이는 제사를 벗어나지 못하고
제물이 될 만한 소와 양을 죽이는 짐승도살의 현장이 될 뿐이다.

가인은 이러한 원리의 반쪽만 이해한 것 같다.
그래서 자신의 동생 아벨이 형식적 제사를 드리는
죄를 범하고 있다고 생각했고 그 죄를 다스리는 방법은
그를 죽이는 것이라는 결론에 이른 것으로 추측해 본다.

제사의 최종 목표는 생명을 살리기 위한 것이다.

그러므로 제사는 하나님의 생명을 담보로 치러진다.

이러한 죽음을 이해시키려는 여호와의 뜻이

아벨의 제사에 담겨있었고

그 제물은 하나님의 것인 양의 첫 새끼

즉 하나님의 생명으로 이루어져야 육체적 죽음을 넘어

진정한 생명으로 가는 방법을 드러내는 것이다.

그래서 생명으로 드리는 살려주는 제사,

그리스도의 산 제사까지를 설명하고 있는 것이다.

이러한 뜻을 보여주는 아벨의 제사라도

죽음을 초래하는 제사가 된다면 헛되고 텅 빈 것이며

이것 또한 헛되고 헛된 것이다.

만일 이 제사가 꼭 치러져야 한다면

예시를 위해 딱 한번만 치르고 금지되는 것이다.

예수 그리스도가 단번에 자기를 드려 구원을 이루신 까닭이

바로 이것이다.

그리고 한편으로 더 발견되는 의미는
아벨이 돌보던 '이동하는 떼'는
이 땅에 정착하거나 영원히 머무를 수 없는
우리 인생들을 말하기도 한다.
각자의 옳은 의견으로 자기 갈 길을 찾아가는 무리들이다.

이 무리는 삶을 유지하기 위해
먹을 것과 마실 것을 찾아 떠돌아다닌다.
우리 삶은 빈손으로 왔다가 빈손으로 돌아간다는 말이 어울리듯
땅에서의 명예, 소유, 집착은
허망한 모래성처럼 허물어지기 마련이다.

욕심은 또 다른 욕심을 낳고, 그 욕심이 결국
우리가 사랑해야 할 사람을 해치는 데 사용되는 비극을
어쩌면 아벨과 그 아벨을 바라보던 하나님은
이미 알고 계셨던 것은 아니었을까.
땅에서 하나님께 호소하는 아벨의 피, 아벨의 생명은
그러한 죄와 비극을 멈추어 달라는 하나님의 호소로 들린다.

우리끼리 하는 이야기

성경 첫 부분에 사람이 살해되는 장면이 등장하는 것은
상당히 충격적인 일이었다.
더욱이 제사에 대한 문제 때문에 사람을 죽일 수 있다는 것은
내용적으로도 받아들이기 어려웠다.
아무리 자신이 노력하여 하나님 앞으로 가져온 제물이
하나님께 받아들여지지 않았다고 해서
자신의 동생을 죽였다는 것이 이해가 되지 않았다.

성경은 평소 가인과 아벨의 사이가 어떠했는지
밝히지 않고 있기 때문에
이 형제의 사이가 원래 좋지 않았다고 억측하기도 힘들었다.
다만 아벨은 형에게 살해당했고
사람의 내면에 있는 욕망과 분노는
때에 따라 살인을 저지를 수 있을 정도로
악하다고 이해한 정도였다.

시간이 지난 후에
아벨은 그리스도의 모델로서 죽임 당하는 것이라는
설명을 들어서 어느 정도 이해는 되었지만
그럼에도 불구하고 아벨의 억울한 죽음은
시원하게 해결되진 않았다.
구원을 위해서 반드시 죽음이 필요한 것과
아벨이 죽임 당하는 것을 당연하게 받아들이기엔
아벨도 인격체이자 소중한 생명이라고 생각되었기 때문이다.
그리고 세월이 지난 후에 아벨의 이름이
'허무, 헛된'이라는 의미를 가지고 있다는 것을 알게 된 후
아벨의 죽음에 대한 궁금증은 더욱 깊어지기만 했다.

그런데 어느 날 아벨의 헛됨을
솔로몬 왕이 기록한 전도서의
"헛되도다 모든 것이 헛되도다"에서 찾게 되었다.
전도서가 시작되는 1:2절 한절에만
'헛되도다'라는 단어가 다섯 번 나오는데
이것이 아벨의 이름이었다.
솔로몬은 아벨의 이름을 다섯 번 반복하여 부른 것이다.

솔로몬이 모든 것이 헛되다고 말한 이유는
"지혜를 써서 하늘 아래에서 행하는 모든 일을 연구하며 살핀즉
이는 괴로운 것이니 하나님이 인생들에게 주사
수고하게 하신 것이라"(전 1:13)라는 구절에서 찾을 수 있었다.
모든 일들이 반복되고 또 반복하지만
이 반복으로는 사람이 만족을 얻을 수 없고
피곤하기만 할 뿐이라는 것인데,
이것은 하나님이 인생에게 주신 것이며
이것으로 사람을 수고하게 하신 것이라는 말이다.

이 구절을 잘 이해하면 아벨이 왜 죽었는지
그의 이름이 왜 헛됨인지 알 수 있을 것 같았다.
먼저 지혜를 써서 하늘 아래 행하는 것이 무엇인지 찾아보니
여기서 나온 지혜(호크마, wisdom)는
솔로몬이 성전을 지을 때 사용된 지혜이다.
이 지혜는 기술적이며 정교한 기교를 다루는 지혜인데
성전을 만들고 성전의 기물들을 만들 때
정확한 말씀을 적용하여 만드는 지혜를 말한다.
이 지혜는 솔로몬이 일천번제를 드리고
백성을 다스리기 위해 하나님께 요청한
분별하는 지혜(빈, understanding)와는 다른 종류의 지혜였다.

그러므로 이 지혜(호크마)를 써서 행하는 모든 일들은
성전을 건축하는 것과 그리고 그 안에서 행해지는
모든 일을 가리키고 있다고 보였다.
결정적으로 솔로몬이 이 지혜를 하늘 아래에서 행한다고 했는데
하늘은 세상을 덮고 있는 하늘이라고 생각할 수도 있지만
하늘의 임재를 상징하는 건물이 성전이기 때문이다.

솔로몬은 이 성전에서 일 년을 주기로
매 해 반복되는 절기들과 제사들에 대해
여호와가 우리를 수고하게 하신 일들이며
헛된 일들이라고 말하고 있는 것으로 생각된다.
그러면 여호와는 인생들에게 왜 수고로운 일들을 주신 것일까?
여기서 이 수고로움은 제사장직을 수행하는
왕이나 제사장들에게 국한된 것으로 이해해 보기로 한다.
인생들이라는 말을 직역하면
'아담의 아들들'이라는 뜻이기 때문이다.

하나님은 이스라엘 백성으로 하여금
하나님의 말씀을 보전하는 임무를 맡기시고
그들 중에 레위지파를 특별히 뽑아 제사장 직분을 맡기셨다.
이들은 오로지 여호와를 섬기는 성전의 일과
그 성전을 관리하는 일만 하도록 명령받았다.
이들은 매해 절기를 따라 같은 제사를 반복하게 된다.

그런데 앞서 설명한 것처럼 제사는
하나님을 가르쳐서 결국에는 하나님을 만나는 목적이 있다.
그런데 제사가 이 목적을 달성하지 못하면
매해 돌아오는 절기와 행사를 반복하여 치르는 일은
헛될 일이 될 뿐이라는 솔로몬의 경고이자 고백으로 이해된다.

이스라엘 민족은 이러한 절기에 맞추어
정확하고 엄격하게 삶을 진행했다.
하나님의 말씀을 정확하게 전달하기 위해
엄격하고 정확함을 중요하게 여긴 것인데
이러한 엄격함은 나중에 이스라엘 백성의 생활 속에서
엄격한 형식주의로 발전하게 되어 말씀을 깨닫고 묵상하기 보다
더 좋은 소를 죽여 바치고
더 많은 양을 죽여 바치는 일로 변질 되었다.
더 성별된 제물은 제사장 직분들에게 특별히 구입하도록 했는데
값비싼 제물을 구입하기 위해 더 많은 노동에 내몰리고
일상에서 먹는 것과 입는 것 어느 하나 쉽게 선택하지 못하는
각박한 생활로 내몰리게 되고만 것이다.

결국 아벨의 이름이 헛됨이라는 이름을 가지게 된 이유는

아벨이 양을 돌보고 그 양을 잡아 그 좋은 기름으로

여호와 앞에 가지고 나오는 것은

하나님의 말씀을 잘 드러내주는 행동이었지만

이것이 내면화되지 않으면

결국 생명을 죽이는 헛된 일이 될 뿐이라는 것이며

그 죽음을 감당할 수 있는 것은

생명 자체이신 하나님 밖에 없다는 결론에 이르게 되었다.

그래서 예수님이 이스라엘 백성을 향해

수고하고 무거운 짐을 진 모든 사람들은

자신에게 나오라고 말씀하신 것은

자신의 생명을 통해 수고와 짐이 되어버린

하나님 섬기는 일들에서 해방시키고 쉬게 해주실 것이며

동시에 헛된 일들의 반복을 멈추라고 말씀하신 것이다.

그리고 제사에 죽음이 꼭 필요한 이유에 대해서도
죽음은 살아있는 생명의 죽음을 말하는 것이 아니라
거듭나는 순간에 대한 은유적 표현이 아닐까 생각하게 되었다.
살아있는 생명의 육체적 죽음은 하나뿐인데
이 생명을 빼앗기고 나면
살아있어서 할 수 있는 모든 기회는 빼앗기기 때문이다.
그러므로 제사와 말씀의 죽음은
형식을 채우고 있는 헛 된 의미들과 영원히 결별하는 순간이며
새로운 생명으로 탄생하는 순간도 포함한다고 이해하게 되었다.

예수님도 자신을 '문'이라고 표현하셨다.
문은 나누어진 공간을 이어주는 역할을 한다.
서로 다른 세계가 교류하는 통로의 역할인 것이다.
문을 통과해 이쪽 세계에서 저쪽 세계로 넘어가면
이쪽에는 존재하지 않는 사람이 된다.
이것이 성경이 말하는 죽음이며
거듭남이라고 말씀하신 것으로 생각된다.

우리가 헛된 일들을 하지 않고 살아갈 수 있을까?

그렇지 않다고 생각된다.

헛된 일과 실패를 할 수 밖에 없는 인생,

하나님도 이점을 잘 알고 계실 것이다.

헛된 일들을 해보고 헛됨을 알아야

진실한 채움도 알아갈 수 있기 때문이다.

이것이 헛됨과 채움 모두를 깨닫는 일이 될 것이다.

이것이 좌우를 분변하는 일이며

솔로몬이 이스라엘 백성을 재판하기 위해 요청한

분별하는 지혜(빈, understanding)가 될 것이다.

우리는 지구가 태양의 주위를 돌고 있는 한 바퀴를

일 년으로 정하고

지구가 스스로 도는 한 바퀴를

하루라는 시간으로 정해놓고

그것을 반복하여 세월을 계산한다.

그러나 우리가 살고 있는 태양계는

은하계라는 거대한 별의 소용돌이 속을 돌면서

어디서 시작되었는지 모르고 어디로 가고 있는지 모르는

끝없는 우주를 팽이처럼 돌면서 전진하고 있다.

태양계와 은하계가 반복하여 돌고 있지만

거대한 우주를 전진하는 현상에 비유하여 생각해보면

반복은 제자리 돌기가 아닌

앞으로 전진하는데 그 에너지를 쓰는 것이 맞다고 보인다.

05. 셋 ····························· 두다, 놓다

שֵׁת

셋은 어떤 인물이가요?

첫 번째와는 다른 씨

셋은 아담과 그의 아내의 세 번째 아들이다.

셋에게는 가인과 아벨 두 형이 있었다.

그러나 셋이 태어날 때는 두 형 모두 없어진 상태였다.

가인이 아벨을 죽이고 그 땅에서 쫓겨났기 때문이다.

셋은 세 번째로 태어난 아들이지만

창세기의 족보(창 5:3-8)와 역대상의 족보(대상1:1)에

아담의 계보를 잇는 첫째 아들로 기록되어 있다.

셋의 탄생 배경과 족보의 등장 외에는
셋의 일생에 대하여 성경에 기록된 내용은 전혀 없다.
그래서 어쩌면 그냥 지나가는
성경 계보의 인물 중 하나로 여겨질 수 있지만
아담의 고백은 셋의 중요성과 유일성을 말해준다.

아담은 셋을 낳으면서 말했다
"하나님이 내게 가인이 죽인 아벨 대신에 다른 씨를 주셨다"
여기서 "다른(아헤르, after, another)"은
'~의 다음'과 '~의 뒤를 따라오는'이라는 의미이다.
이 단어는 앞서 나온 것과 뒤에 따라오는 것의
성격이 다른 것을 구별하기 위해 쓰인 것으로
가인과 아벨을 낳게 하신 뜻에 비교되는
새로운 의미로 셋을 주셨다는 것이다.
셋은 가인과 아벨로 보여주신 의미와는
또 다른 차원의 뜻을 보여주기 위해 주신 아들이라는 뜻이다.

아담과 그의 아내 사이의 세 번째이자 첫 번째 아들
또 아담이 "다시 자기 아내와 동침하매"라고 기록되어 있다.
여기서 '다시'는 단순한 반복을 말한다기 보다
'두 배로 하다, 이중으로 반복하다'라는 의미인데
히브리어의 반복은 완전함에 대한 강조이다.
이것은 자식들이 죽거나 사라진 상황에서
자손의 대를 잇기 위해서 또는
아담과 그의 아내가 일반적인 부부로서 행할 수 있는
동침하였다는 의미와는 한참 거리가 있다.
아담은 말씀의 흐름에 따라 자신의 아내와 동침했다는 내용이며
아들을 낳는 의미에 집중하라는 강조이다.

그리고 동침은 본래 '알다(야다, Know)'라는 의미로
'보고, 확인하고, 깨닫다'라는 의미로 확장 된다.
그러므로 아담이 자신의 아내와 다시 동침한 것은
아들의 의미를 완전하게 알고, 확인하고,
깨닫도록 한 것이라고 말할 수 있다.
이것은 마치 예수님이 신랑으로 오셔서
자신의 신부들에게 말씀의 신비를 열어주시는 것과 같다.

이와 같이 셋은 가인과 아벨과는 전혀 다른
새로운 차원의 아들로 이해되어야 하며
셋이 열어가는 새로운 차원은
아담의 계보를 타고 노아로 흘러간다.
가인과 아벨이 선악과의 상태로 비유된다면
셋은 생명나무의 시대를 여는 이름이 된다.
그러므로 그의 이름을 잇는 끝에
안식을 의미하는 노아가 있는 것이다.

성경의 계보는 인물들의 족보가 아닌
말씀의 흐름으로 보는 것이 좋다.
창세기는 더욱 그러하다.
셋은 갈등과 폭력, 살육의 시대를 끝내고
새로운 차원의 세계를 여는 상징이자
하나님이 두시는 안식의 기초석이다.
아담은 하나님의 형상대로 지어졌고(창1:27)
또한 셋도 아담의 형상대로 낳아졌다.(창5:3)
이러한 의미에서 셋은 아담의 계보를 이어가는
첫 번째 아들이 되었다.

이는 하나님이 내게 가인이 죽인 아벨 대신에
다른 씨를 주셨다 함이며 (창 4:25)

[셋] 쉐트 – 놓다, 대치한 상태에 두다
[다른] 아헤르 – 뒤 따르는, 다음의
[씨] 제라 – 씨, 자손

한발 더 들어가기

셋 이름에 담긴 의미

셋은 "두다, 놓다."라는 의미이다.

"내게 다른 씨를 주셨다"에서 "주셨다(시트, Set)"가

셋 이름의 뿌리이다.

이것은 건물이나 기념물의 기초를 놓는 것처럼

튼튼하고 확고한 기초를 놓는다는 의미이다.

여호와는 아담에게 가인과 아벨이라는 아들들을 주셨지만

처음 나온 아들들보다

새로운 생명의 장을 다시 열어 가시는 하나님의 뜻은

셋이라는 아들에게 확고하게 두신 것이다.

가인과 아벨처럼

첫 번째 나온 것들은 실패하거나 사라지고

두 번째 나온 것들이 하나님의 온전한 말씀을 이루는 것은

성경 전체를 관통하는 법칙이다.

이것은 육체와 성령의 대비로 설명할 수 있다.

처음 나온 것(베코라, first Born)은 육체로 비유할 수 있는데

이것은 보이는 것으로 현세에 나타나서

시간과 공간의 한계와 더불어 죽거나 사라지는 존재들로

성경에서 이것들은 보이지 않는 말씀의 시각화를 담당한다.

이와 같은 의미로 쓰이는 다른 말이 '우상'이다.

우상의 정체성은 겉모습의 묘사이고

영적 세계를 설명하기 위해 나타났다.

이것은 유일신 신앙이나 이방의 신앙에서

동일하게 사용되는 교육을 위한 형상들이다.

그리고 두 번째 나오는 것이 성령이다.

영원의 존재이며 시간과 공간을 초월하므로

회전하는 그림자 즉 형상을 생성할 수 있는 본체를 가리키는

'그 무엇'이다.

이 상태는 보이지 않지만 볼 수 있고,

들리지 않지만 들을 수 있고,

만질 수 없지만 느낄 수 있고,

어디에도 없지만 어디든 있을 수 있는

'그 무엇'이다.

이것은 존재도 아니고 상태도 아니므로

이름으로 정의할 수 없는 하나님의 '그 무엇'인데

마치 바람처럼 어디에든 있지만 보이지는 않고

보이지 않지만 느낄 수 있고

느낄 수 있지만 만질 수는 없는 그러한 것이다.

따라서 육체로 사는 사람은
눈 앞에 놓인 물질과 벌어지는 사건의 이유와 원인을 따져
그것의 옳고 그름을 판단하며 살아가고
그 판단의 경험을 통해 얻은 것의
모든 총합적 결론이 그의 진리가 된다.

반면 성령으로 사는 사람은
'그 무엇'이 이끄는 대로 살아가면서
'그 무엇'의 의미를 알고,
'그 무엇'으로 어떻게 살아가야 하는지 아는 사람이다.
방법은 잘 모르겠지만 원리대로 살다보면
올바른 삶의 방법을 경험하며 사는 것이다.
이것을 변화된 삶 또는 거듭남이라고 할 수 있다.
셋은 변화된 삶 또는 거듭난 삶으로 건너가는
하나님이 놓으신 확고한 디딤돌이다.

아담은 셋을 '하나님이 주신 다른 씨'라고 선언했다.

씨는 생명을 간직하고 퍼뜨린다.

이 씨가 땅에 뿌려져 생명을 싹 틔워 이루려는 목적은

바로 땅의 변화이다.

땅의 변화는 우리 삶의 변화를 말한다.

씨는 열매를 맺는다.

씨는 다음 생명의 전파를 위해 열매 안에 보존되고

우리는 이것의 과육을 먹는다.

이 과육으로 우리의 풍요를 누린다.

그런데 사실 씨의 겉을 감싸고 있는 과육의 실제 목적은

열매가 떨어지는 곳에서 썩어서

씨가 잘 싹틔우기 위한 환경을 만드는 것이다.

열매는 자기의 몸을 버려 땅을 비옥하게 바꾸어

자신의 생명을 전달하려는 것이다.

이것을 성경은 '육체' 또는 '살'이라고 말한다.

이렇게 씨로 전달된 생명은
또 다른 많은 생명으로 다시 태어나
땅을 더욱 풍요롭게 변화시켜 나갈 것이다.
그리고 변화된 땅은 더욱 많은 생명을 잉태하는 자궁이 되어
건강한 다음 열매들을 만들어 갈 것이다.
이제 땅은 하늘을 반영하는 거울이자 하늘의 짝이 되어
생명, 그 씨들이 하는 일들로 충만하게 될 것이다.
땅을 변화시켜 하늘의 생명을 품게 하는 것이
씨의 사명이기 때문이다.

이 씨는 우리의 육체를 위한 것이 아니다.
우리는 그 씨가 맺는 열매, 그 몸의 살들을 먹고
육체의 건강을 유지할 것이다.
우리의 육체 또한 또 다른 씨를 품는 과육과 같기 때문이다.
이 열매의 과육, 그 살들로
우리의 몸이 자라고 건강해 지는 것을 통해
땅의 변화를 체험하고 말씀의 탄생과 성숙
그리고 돌아갈 곳이 어딘지 알게 된다.
마치 부모가 자녀를 어른이 되기까지 정성으로 키우면
그 자녀가 부모가 되는 과정을 반복하는 것과 같다.

반대로 우리의 육체를 위해

먹을 것으로 삼을 수 없는 씨는 하나님의 생명이다.

우리는 이 하나님의 생명을 우리의 삶에서

실제적 효용가치로 찾아 낼 능력이 없다.

과일을 먹다가 씨가 걸리면 뱉어버리는

우리의 행동이 이것을 잘 증명한다.

성경을 읽고 설교를 들어도 우리의 실생활에 적용하기

매우 힘들고 어려움을 느끼는 이유이다.

내면적 원리를 외면의 생활에 그대로 적용한다는 것은 무리이며

씨를 통째로 씹어 먹으려는 시도이다.

하나님도 이러한 시도를 누구에게나 권장하지는 않으신다.

히브리서에 단단한 음식을 장성한 사람의 몫이라고 했다.

이러한 사람은 연단을 받아 선악을 분별하는 사람들이므로

외면과 내면의 작용 원리를 알아서

하나님의 생명인 씨가 하는 일들을 잘 이해하고 있다는 의미이며

이러한 사람들을 씨가진 열매 맺는 나무라고 할 수 있다.

하나님은 셋이라는 씨를 통해
하나님의 말씀 계보가 이어지도록
튼튼한 기초를 놓으셨다.

이 기초는 흔들리지 않을 것이며
머리돌의 역할을 할 것이다.
건물 귀퉁이에 놓인 이 머리돌을 기준으로
똑같은 돌들이 모이고 모여
아름답고 튼튼한 성전이 될 것이다.

인간이 아무리 잘못을 범하여
하나님의 말씀의 뜻이 왜곡되더라도
버려진 돌맹이는 성전의 머릿돌이 되어
그 튼튼한 기초와 하나님의 생명으로
여호와의 뜻을 펼쳐 가실 것이다.

아담
붉어지다

셋
놓다, 두다, 고정하다

에노스
죽을 수 밖에 없는 사람

게난
둥지를 만들다

마할랄렐
하나님의 찬양

야렛
낳아진, 후예

에녹
봉헌하다

므두셀라
보내신 사람

라멕
의미불명

노아
안식

셈, 함, 야벳
이름, 열기, 확장

아담에서 셈, 함, 야벳까지의 계보

우리끼리 하는 이야기

셋이라는 인물에 대한 설명이나 사건이
성경에 전혀 없기도 하지만 그 이름의 의미 또한
셋이라는 이름을 이해하기 어렵게 만든다.
셋(쉐트)이라는 히브리 이름은
영어의 Set와 그 의미가 동일하다.
'확고하게 두다, 놓다'라는 의미와 함께
'배치하다', '하나로 조합하다', '설정하다' 등의 뜻들이
모두 히브리어 쉐트에 뿌리를 두고 있다.

이렇게 뜻이 많다는 것은
이 단어가 포함하는 범위가 넓다는 뜻이며
결국 성경이 품고 있는 대체적인 윤곽이 드러나야
이 이름의 의미가 파악될 수 있다는 뜻이기도 하다.
그러나 셋이 존재한다는 것은
무언가 확고한 완성된 단계가 있다는 뜻이며
이것은 여러 가지 조합과 그 배치를 통해
이루어질 것이라고 생각되어진다.

그리고 성경은 이미
이러한 조합과 배치를 마친 상태를 설명하고 있다고 보인다.
성경에 나타나는 사건들은 매 사건과 시기에 따라
완성된 무언가를 설명하고 있지만
그 흐름을 우리가 발견하지 못하거나
이미 발견하고도 깨닫지 못하고 있기도 하다.

예를 들면 성막이나 성전은
하나님을 만나는 단계를 설명하고 있는데
성전의 지성소 안에 있는 언약궤 위를
하나님이 우리를 만나는 장소라고 하나님 자신이 말씀하셨고
그곳을 '시은좌'라고 부른다.
은혜가 베풀어지는 자리라는 뜻이다.
그러므로 성막은
하나님이 우리를 만나기 위해 마련해 두신 세트장(Set)인 것이다.
그렇다면 성막이 만들어지는 그 순간
사람이 하나님을 만나는 자리가 어디인지
어떻게 만나는지 이미 설명이 된 것이다.

다만 그 상징들을 통해 일러주신 방법에 대한 오해와
하나님이 거하시는 성소에 대한 두려움 때문에
소와 양을 마당에서 죽이는 행위만하고 돌아가 버렸기 때문에
대제사장외에 그 지성소에 아무도 들어가지 못했으며
대제사장을 포함한 그 누구도 하나님을 만나지 못했던 것이다.
이런 상황이 벌어지자 하나님은
자신이 선택하신 선지자들에게 나타나셔서
자신의 뜻을 전하셨다.
그리고 첫 번째와 두 번째로 주어진
성막과 솔로몬 성전이 사라지고
유대의 이방인 왕인 헤롯이 성전을 중건했을 때
예수님이 나타나셔서 하나님을 만나는 자리,
하늘나라는 우리 안에 있다고 분명히 말씀하셨다.

그런데 이러한 확고한 말씀에도 불구하고
나의 안에서 하늘나라를 확인하는 것은 어려울 뿐이고
확신의 마음을 붙잡을 방법을 찾기도 어려웠다.

나의 인성이나 본성 그리고 내 마음 속 어디에도
하늘나라의 품성이나 그 능력을 찾아보기 힘들지만,
그럼에도 불구하고 하늘나라를 실천하기 위해
모든 세상의 불합리를 참아가며
그리스도인으로 살아가려 노력하지만
세상은 이를 알아보지 못하니 내 속만 터질 뿐이었다.
그리고 하나님의 확실한 원리는
이 세상에 어떻게 작동하는지 궁금함에 답답함이 더해졌다.

사람은 수많은 정보가 넘쳐나는
알고 살아야 할 것이 너무 많은 세상에서
뒤처지지 않고 더욱 확실한 무언가를 찾아
삶의 안정을 위하여 살아가지만
인생은 아무리 확실하게 다져놓아도
여러 가지 변수 때문에 확실한 인생을 담보하기 어렵다.
아무리 돈을 많이 벌어도 건강이 무너지면 소용없고
아무리 확실한 일거리와 사회적으로 높은 자리를 잡는다 해도
사회의 변화에 따라 소용없는 일이 되기도 한다.

그래서 자신의 삶에 만족하고 사는 법을 알기 위해
마음을 비우는 방법을 또 배우기도 한다.
한 때 하나님은 이렇게 어려운 세상을 왜 만드셨을까
하는 생각이 들어 원망도 해보았다.
그런데 성경을 공부하며 얻은 결론은
이 세상이 돌아가는 규칙과 약속은
사람끼리 세워놓은 것에 근거한다는 것으로 결론이 내려졌다.

사회의 규칙은 사람이 모여 살면서
서로의 권리 존중을 위해 만든 것이며,
예의와 범절은 상하간의 질서 유지나
이웃 동기간의 평안을 위해 만든 것이며
이를 바탕으로 사회적 계약 관계인 회사의 규율도 그러하고
사회 전반의 문화와 공감대의 형성은
모두 그 지역에 살아가는 사람들이
일반적으로 옳다고 여기는 기준을 두고
그것을 성문화하여 법률로도 만드는 것이다.

즉 하나님이 자동차를 만들지 않으셨으므로

교통사고에 대해 책임이 없으시고

보험회사를 만드신 것이 아니므로

하나님의 공정이 보험금의 많고 적음에 미칠 수 없다는 것이다.

이러한 것들은 시대와 공감대가 바뀌면

서로의 협의에 의해 모두 고쳐 쓰는 것들이다.

사람간의 약속과 규율도 사람과 시대를 따라 성숙해져 간다.

그리고 설령 사람간의 약속은 불평등한 부분이 있고

죽음에 이르는 불상사가 생기더라도

각자의 책임과 선택에 맡겨두는 것이

더 나은 공감대와 규율을 만들어 가는데 밑거름이 될 것이다.

그러므로 결론은 하나님은 이렇게 사람들끼리 만든 약속까지는

세세한 개입은 하지 않으시는 것으로 귀결되었다.

서로 각자에게 소중한 인연으로 도와가며 살아가는 것이

사람이 살아가는 최선의 방법이라고 생각하며

자신에게 주어진 환경을 받아들이고

그것을 더 나은 방향으로 이끌어갈 최선의 노력과

삶의 방법에 대한 선택이 필요해 보였다.

그렇다고 사람이 살아가면서 만든 원리와 말씀의 법칙이
서로 연관되지 않다고 볼 수는 없었다.
사람 이성의 근본이 하나님으로부터 왔으며
하나님이 만드신 세상 안에서
사람이 만든 원리가 작동되기 때문이다.
때문에 사람의 원리와 하나님의 원칙이 어떻게 서로 작용하여
사람이 사는 일들이 어떻게 흘러갈지 알고
흘러가고 있는 원리를 어느 정도 파악되면
그나마 사람의 일들이 어떤 결과로 언제쯤 결정 될런지
예측 정도는 하고 살 수 있을 듯했다.

그리고 그러한 원리들은 사람이 살고 있는 세상에서
한걸음 물러나 자신의 삶을 갈무리하며
무리 없이 사는 방법을 찾을 수 있는 것이 되어줄 것으로 기대된다.
이러한 깨달음을 가진 사람들은 인생을 둘러싼 모든 환경이
일정한 주기를 가지고 변화한다는 것에 익숙하고
이러한 변화에 순응하여 사는 방법을 알게 된 사람들로
결국 모든 자신 주변의 일들을 자발적으로 받아들이고
이해하는 삶을 살게 될 것이다.

이러한 일들은 성경에 나와 있는 절기, 말씀들을 통해
이미 그 원리들을 밝혀 놓으셨으므로
조금만 성경을 연구하고 공부해 본다면
오랜 시간이 걸리지 않아 그 방법을 터득하게 될 것이다.
이러한 원리는 잘 흔들리지 않으나 고집처럼 지켜야하는
율법이나 규칙의 형태를 띠는 것들은 아닐 것이다.
상대가 누구냐에 따라 유기적으로 변동되고
되어가는 상황에 따라 자신이 해야 할 일들을
적절히 선택하는 삶이기 때문이다.
성경에서 거듭난 사람들의 삶이 이러한 것으로 생각된다.
어떠한 상황 어떠한 조건에도
이해와 해법을 하나님의 말씀을 토대로 이해하고
설정해 가는 사람들이기 때문이다.

또 성경이 말하는 하늘은 하나님의 원리를 뜻하고
나라는 그 원리대로 움직이는 것을 말한다.
그러므로 예수님이 말씀하신
하늘나라가 너희 안에 있다는 것은
나의 삶이 하나님의 뜻이 작동하는 대로
따라가며 살아가는 상태를 말한다고 보여진다.
이러한 상태는 성품이나 인격이 훌륭해지거나
인생의 처세가 탁월해지는 것을 말하는 것이 아닐 것이다.
상황에 따라 하나님의 기준을 찾아서
사람이 적용할 수 있는 방법을 찾는 사람일 것이며
세상의 이해를 구태여 구할 필요가 없기 때문이다.
이러한 사람은 자신의 내면에서 일어나는 일들을
밖으로 내보이지 않을 뿐더러
세상의 평가와 칭찬이 부담스러울 것이다.

하늘의 나라, 하나님의 원리는
내면 깊숙히 은밀하게 움직이는 것이므로
밖으로 드러낼 수 없고
그것을 억지로 밖으로 꺼내는 순간
사람들의 도덕의 모범이나 신화적 신비로 변질되기 때문이다.

하나님의 원리와
사람이 살아가는 원리가 하나 되어 사는 삶이
모든 것이 하나로 Setting된
셋(쉐트, Set)이라는 이름으로
성경에 기록된 것이 아닐까 하는 생각이 든다.

06. 노아 ····················· 후회 그리고 쉼

노아는 어떤 인물이가요?

사람의 죄악 그리고 홍수

노아와 홍수 이야기는 기독교 밖에도 잘 알려져 있다.

여호와의 홍수가 일어나는 것은

사람의 죄악을 보시고 사람 만든 것을 한탄(나함, troubled)하신

여호와의 독백에서 시작되었다.

그런데 여호와가 한탄하시고 근심하시기 이전

노아가 태어날 때 그의 아버지 라멕은

노아에 대해 상당히 의미심장한 예언을 하는데

"여호와께서 땅을 저주하여 수고롭게 일하는 우리들을

이 아들이 안위(나함, comfort) 하리라"고 말한 것이다.

사람의 죄악이 세상에 가득하고
마음의 계획이 항상 악한 것을 보신 여호와는
지면에서 사람과 가축과 기는 것과 공중의 새까지
다 쓸어버리시겠다고 말씀하셨다.
그리고 하나님은 당대의 완전한 자였던 노아에게 방주를 지어
노아의 가족과 생물들의 암수 한 쌍씩을
방주에 태우라고 명하셨다.
노아는 하나님의 말씀하신 대로 100년의 세월 동안
방주를 만들었고 노아와 그의 식구들이 방주에 타자
여호와가 친히 그 방주의 문을 닫아주셨다.

칠일 후 세상을 쓸어버리는 비가 40일 동안 내렸다.
이 비로 홍수가 일어나 세상을 덮었으며
이 홍수는 364일 후에 걷혔다.
노아의 가족과 방주에 탄 짐승들은 이 홍수를 피해
생명을 유지할 수 있었고 노아와 그의 가족들은
'사람' 중에서 살아남은 유일한 생존자가 되었다.

세상의 물이 빠지던 날
방주는 아라랏 산 등마루에 머물렀다.
그리고 하나님의 말씀대로
노아의 가족과 동물들이 방주에서 나왔다.

노아는 곧 제단을 쌓아 번제를 드렸고
하나님은 노아에게
홍수 이 후의 펼쳐질 세상에 대해 설명하시고
앞으로는 세상을 물로 심판하지 않겠다는
언약의 징표로 무지개를 보여 주셨다.
방주에서 나온 노아와 그의 아들들은
세상의 생물들을 다스리고
먹을 것으로 삼을 수 있는 권위를 받지만
생명되는 피는 먹지 말 것을 명령 받았다.
또 사람간의 피 흘림을 용납치 않으셨다.
그리고 생육하고 번성하여
땅에 충만하라는 명령을 주셨다.

그리고 노아는 농사를 시작하여 포도나무를 심었는데,
포도주를 마시고 취하여 장막에서 벗은 사건이 있었다.
이것을 본 함이 밖으로 나가 셈과 야벳에게 알렸고
셈과 야벳은 뒷걸음쳐 들어가 아버지의 하체를 보지 않고
노아의 하체를 옷으로 덮었다.

이 일을 알게 된 노아는
함의 아들 가나안이 형제들의 종의 종이 되는 저주를 하고
셈과 야벳의 하나님을 찬양하게 된다.
그리고 삼백오십세를 더 살다가 구백오십세 때에 죽었다.

이름을 노아라 하여 이르되 여호와께서 땅을 저주하시므로
수고롭게 일하는 우리를 이 아들이 [안위]하리라 하였더라
(창 5:29)

[안위] 나함 – 놓다, 대치한 상태에 두다
[노아] 노아흐 – 안식, 정착하다

한발 더 들어가기

노아라는 이름의 뜻 중심에는
'안식, 정착'이 있다.
이 '안식(나함)'이라는 단어는 여호와의 '한탄'과 동시에
노아의 아버지 라멕이 바라던 '안위'로도 쓰였다.
과연 여호와의 '후회'와 라멕의 '위로함'과 노아의 '안식'은
어떤 연결점이 있는 걸까?

여호와의 '한탄하심(나함, troubled)'은
"사람의 죄악이 세상에 가득함과
마음으로 생각하는 모든 계획이 항상 악했기 때문이다.
그리고 라멕은 저주받은 땅에서 수고롭게 일하는
'자신들의 처지'를 멈추고 '후회(나함, comfort)함으로 위로 받기'
간절히 원했다.

그리고 노아(노아흐, resting)는
'정착하다'라는 의미를 기본으로 하는 '쉬다'라는 의미인데
이것은 방주가 아라랏 산에 머무른(정착하다) 것과 같은 말이다.

여호와와 라멕의 한탄과 안위는 모두 한 단어(나함)이고

비록 동사의 상태에 따라 다른 의미가 되는

히브리어의 특성을 감안하더라도

여호와께서 느끼신 한탄과 라멕이 바라는 안위는

노아의 이름인 안식, 정착으로 그 의미가 모아진다.

노아의 안식은 방주의 머무름과 같다.

방주는 직사각형의 상자모양으로

성전과 언약궤의 비율과 모양이 같다고 유대인들은 생각한다.

그리고 키, 돛대, 노 마저 없는 방주가 물 위를 떠 다닌 것은

하나님의 말씀을 보존한 방주가 그 말씀이 머무를 곳을 찾아

여호와의 뜻을 따라 운행한 것으로 보인다.

이런 의미에서 언약궤도 레위인들의 어깨에 들어올려져

둥실둥실 떠 다니는 모양으로 광야를 행진했을 것이다.

그런데 노아의 당시 사람들은 어떤 죄를 지었길래

여호와께서 자신이 지으신 사람들을

후회하시며 쓸어버릴 정도였을까?

생각(예쩨르, thoughts)이라는 단어는
' 무언가를 만들어 내는 아이디어'라는 의미이고,
계획(마하쇄바, imagination)이라는 단어는
'어떠한 형태로 주조하여 찍어내다'라는 의미이다.
이것은 노아 당시의 사람들이
'자신들의 생각대로 하나님을 상징하는
우상들을 빚어내어 만들었다.'는 것으로 추측할 수 있다.

우상은 달이 해를 가리는 개기일식처럼
하나님 본체의 빛을 가리고 그 뜻을 왜곡시킬 수 있는 것으로
하나님이 가장 싫어하시는 것이다.
그런데 이 죄를 짓는 것이 누구냐 하면
'사람'인데 이것은 아담의 번역된 말이다.
아담 자신도 하나님의 모형대로
주조하여 찍어내어 만들어 졌는데
이 아담이 또 무언가를 찍어내어 만들고 있다는 것이다.
모형이 자신의 모양으로
또 다른 모형을 찍어내어 만드는 상황이
여호와가 보시기에 죄가 가득하여 넘치는 상황이었던 것이다.

보통 '사람'은 인류를 가리키지만,
성경의 '사람(아담, the man)'은
말씀 사역을 통해 생명을 이어주는
'인자들-사람의 아들들'을 가리킨다.
그리고 인자들은 하나님의 빛을 반사하여
밤의 인생들을 비추는 달과 같다.
이러한 존재들인 인자들이 자신들이 본체인 척
자신들의 우상을 만들며 하나님의 자리를 차지하려는 것이다.

그 사람의 아들 라멕은 자기들의 행위가 죄인 것을 깨달았다.
그리고 이 일을 멈추고자 했으나
스스로의 힘으로는 안된다는 것을 알았다.
이것을 멈추는 방법은 오직 하나 하나님의 개입뿐이었다.

그렇다면 여호와의 입장에서
사람을 쓸어버리는 것이 어쩌면 필연적일 수밖에 없는 것이다.
이것은 우상의 청소이자 하나님 자신이 세우신
자신의 모형을 치워버리시는 것이다.
여호와는 그 쓸어버리시는 방법을 물로 선택하신 것이다.

성경의 물은 말씀을 상징한다.

비는 하늘에서 주시는 말씀이며,

흐르는 물은 끊이지 않는 대대로 이어지는 말씀을 상징하고,

광야의 샘물은 죽음에서 구원하는 말씀이며,

우물은 약속을 상징하고,

바다는 세상의 관념들이 모인 것으로 성경에 쓰인다.

그러므로 물이 바다를 덮는다는 것은

하나님의 말씀으로 세상의 관념들을

덮어버리시겠다는 의미가 되는 것이다.

그리고 '쓸어버리다.'는 '문질러서 지워버린다.'는 의미인데

고대에는 신이 주신 말씀을 영원히 보관하고

마음에서 잊지 않겠다는 의미에서

돌에 새기거나 진흙판에 새긴 후 구워내어 보관하였다.

이렇게 새겨져 보관되는 하나님의 말씀을

문질러 지워버려서 다시는 볼 수 없게 만든다는 것이다.

그러므로 사람을 쓸어버리신다는 것은

자신이 지으신 말씀의 형상들이 우상들을 만들어내며

하나님의 뜻을 왜곡하고 그 영광을 가로채고 있으니

'하나님의 진리로 문질러 지워버리시겠다'는

의미로 이해할 수 있다.

노아의 아버지 라멕은 아담(사람, the man)의 자손인 자신들이

이러한 일들을 할 수 밖에 없는 처지를

여호와가 돌아보시고(나함, troubled) 자신들의 행위를

멈추어 주시길 바랬던 것이다.

그리고 여호와는 완전히 쓸어버리는

말씀의 홍수로 깨끗하게 정리함으로

죄의 생산을 끝내고 쉼과 안식을 이루셨다.

노아는 '하나님과 동행하는 의인이요 완전한 자'였다.
의는 하나님의 말씀이
정확하게 적용되는 삶을 살았다는 것을 의미하고,
완전하다는 것은
말씀의 뜻을 온전히 이해하고 있었다는 것이다.
노아는 하나님의 말씀대로 방주를 만들었다.
방주는 '상자'라는 뜻인데 이 상자는 말씀의 보관함으로
노아는 이 방주의 쓰임새와 목적을 정확히 알고 있었던 것이다.

이 방주에 탄 사람들은 이 방주를 조종할 키도 없고
인위적인 힘으로 방주의 속도를 조절할 노도 없으며
사람의 힘을 덜어줄 돛대도 없었다.
방주에 탄 사람과 동물들은 자신들이 어디로 가는지 몰랐지만
방주는 하나님의 뜻을 드러낼 곳을 향하여 정확하게 나아가
마침내 머물렀다.
이것이 '머물러 쉰다'라는 안식의 의미이며
노아의 이름이다.

이스라엘 민족은 목축을 하며
양들을 먹이기 위해 유랑하는 삶을 살았다.
이러한 삶의 형태는 말씀을 잉태시키기 위해 운행하시는
하나님의 사역을 나타낸다.
이러한 하나님의 사역이 말씀과 동행하는 사람을 만나
그 사람에게 머무는 것 그것이 하나님의 안식이다.
이 안식을 위해 필수적으로 거쳐야 하는 단계가 홍수인데
말씀으로 이루는 내면의 청소이다.

그러므로 육적 껍데기를 벗는 아브람의 할례,
야곱이 벧엘로 올라갈 때 온 집안의 이방 신상과 귀고리들을
세겜 근처 상수리 나무 아래에 묻고 옷을 갈아입은 것,
출애굽 당시 홍해에서 쓸려내려간 애굽의 군대와 그 세력들,
신약에 나타난 세례 등이
바로 그 때 당시의 홍수 사건인 것이다.

이제 말씀의 정착과 함께 새로운 시대가 열렸다.

이것은 이스라엘 백성이 가나안으로 들어간 것과 같다.

이들은 가나안으로 들어가 목축을 하던 유랑 민족에서

점점 포도나무와 감람나무를 기르며

그 땅에 정착하는 농경민족으로 변모한다.

이러한 변화는 말씀의 새로운 차원을 보여주는 것인데

노아가 지은 포도농사는 이러한 상황을 묘사하는 장치이다.

포도원은 하나님의 뜻이 보존되는 뜰이라는 상징적 의미가 있다.

그리고 포도는 같은 모양의 알맹이가 모여있는 모양을 따라

같은 말씀을 품게 된 형제들이자 성도들을 상징한다.

그리고 이스라엘 백성의 감람나무는

왕이신 그리스도에게 붙는 감람유를 생산한다.

과연 새로운 시대에 새로운 말씀은 어떻게 펼쳐질까?

우리끼리 하는 이야기

확실하지 않은 인생을 확실하게 준비하느라
바쁘게 돌아가는 일상 속에서 마음 편히 쉰다는 것은
쉬운 일이 아니다.
한 주가 끝나고 주말이 돌아오면 한시름 놓기도 하지만
바로 이어지는 한 주의 시작 때문에
일상의 스트레스는 휴일 중에도 완전히 놓아버리기 쉽지 않고
만일 주중에 제대로 처리되지 않은 일들이 있다면
휴일에도 어쩔 수 없이 일과 학업을 맘 편히 놓을 수 없게 된다.
그러다가 휴가나 방학이 주어지면
바쁘게 돌아가던 일상들을 멈추고 쉬는 시간을 갖게 된다.
그런데 쉬는 시간이 더 바쁘고 힘들어지는 경우도 있다.
일하는 동안 하지 못했던 청소나 집안 정리,
또 미루고 미루었던 취미 생활, 여행 등
하고 싶었던 일들이 많기 때문이다.

한 번은 큰마음 먹고 자신의 일상을 벗어나
일탈해보기도 하지만 일탈의 시간을 계속 이어가면
자신이 마련해온 삶의 자리를 빼앗길까 불안하기도 하여
바쁜 일상으로 다시 돌아오는 것이
오히려 마음이 편할 때도 있다.
생활의 유지와 성취감
그리고 삶의 부담감과 스트레스를 적당히 조절하여
적당한 일과 적당한 쉼이 조화되는 삶을 산다는 것은
거의 불가능해 보이고
이러한 삶을 행복의 첫 번째 조건으로 삼고
언젠가 이런 삶을 살겠다고 다짐해 보지만
현실의 조건들은 이러한 삶을 실현하기엔
갈 길이 매우 멀어 보인다.

사람은 식욕과 성욕이라는 기본적인 욕구와
주거환경과 사회적 지위의 안정을 바라는 욕구도 있다.
이러한 욕구는 생명의 유지와 함께
자신의 가족과 사회의 안녕을 위해
상당히 자연스럽고 필수적인 욕구이다.

그리고 이러한 욕구들보다 높은 가치의 욕구는
정신적, 정서적 안정을 바라는 것으로
자신의 가족과 사회를 안정감 있게 유지하는데
더욱 중요한 요소이다.
정신적으로 휴식하지 못하는 사람들은
언젠가는 정신적 피로와 함께 삶이 무너지는 날이 올 수도 있다.
공황장애, 우울증, 치매 그리고 심한 경우
조현병 등을 예로 들 수 있는데
이러한 증상들을 사회적인 문제로 인식하고
적극적으로 대응하는 것은
병을 당한 당사자만의 문제를 넘어 가족의 조직을 무너뜨리고
사회 전체의 안정을 위협할 수 있는 위험요소들이기 때문이다.

이러한 일들을 예방하기 위해

업무의 강도와 시간을 줄이고 휴식과 휴가 시간을 보장하며

또 스트레스 관리를 위해 여러 가지 교육과 치료를

보장도록 제도를 마련하게 되지만

이러한 일들이 발생한다는 것은

삶의 유지를 위해 사회적 조건들을 획득하는 과정에 들어가는

개인의 노력과 업무 강도가

상당히 높은 압력을 받고 있다는 증거이기도 하다.

이러한 사회적 스트레스에 대처하는 방법 중에 하나가

종교에 자신의 삶을 의탁하는 것이다.

언제 닥칠지 모르는 사건들과 질병, 죽음 등

확실하지 않은 미래에 대한 불안을 잊고

정서적 안정을 취하며

현실보다 심오한 질서를 가진 세계에

자신의 삶을 편입하여서

불안의 원인과 이유를 불식시키는

순기능을 기대하는 것이다.

그래서 고차원적으로는 세상에 벌어지는 일들에 대한
깨달음의 경지에 도달하여
진리의 차원으로 살아가고자 하는 갈망인 것이다.
실제로 토속신앙이나 미신을 제외한 고등 종교에는
안식의 차원을 제시하고 그 안식을 이루는 과정을 알려주는 것이
가르침의 주된 내용이 되기도 한다.

이렇게 찾기 힘든 일상에서의 안식을
노아를 통해 살펴보자면
노아는 당대의 의인이자 완전한 자였다.
하나님과 동행하는 삶을 살았다.
이것으로 노아는 세상의 모든 것들이 쓸려나갈 때
구원 받고 삶을 이어갈 수 있었다.
그런데 이후에도 노아의 삶이나 그 후예들의
삶이 어떤 안식을 누렸는지에 대한 설명이 없다.
동화에서 나오듯 오래오래 행복하게 살았다는 결론이 없다.
성경의 이러한 부분이 이해하기 어려운데
계속 이어지는 사건들과 족보 그리고
등장인물들이 벌이는 일들 때문에
어디가 끝이고 어디가 시작인지 알기 쉽지 않기 때문이다.

더군다나 노아는 홍수가 끝나고
아무 일도 안하는 안식을 취한 것이 아니라 포도농사를 지었다.
그리고 포도에서 나온 술을 마시고 장막 안에서 벌거벗은 일로
함의 아들 가나안이 저주를 받는 사고가 터지기도 했다.

이상하지 않은가?
안식에 들어간 사람이 술을 먹고 추태에 해당하는 일을 하여
구원 받은 의인이라는 평가에 의구심이 들게 하는 것이
정상적인 일인가?
그런데 이러한 사건들은
항시 반복되는 우리의 삶을 반영하며
하나님이 예정하신 대로
정상적으로 진행하고 있다는 증거라고 생각된다.
하나님은 홍수 이후에 노아와 그의 아들들에게 축복하시면서
"땅이 있을 동안에는 심음과 거둠과 추위와 더위와 여름과 겨울과
낮과 밤이 쉬지 아니하리라"(창 8:22)라고 말씀하셨다.
즉 우리의 삶은 절기들과 계절들 그리고
환경이 반복하는 삶을 살게 될 것이라는 말씀이다.

이러한 말씀은 우리의 삶이 안식을 취하기
어렵다는 것으로 해석될 수 있지만
분명한 것은 노아는 그의 이름의 뜻과 그의 한 일들을 통해
하나님이 이야기하시는 안식으로 들어갔다는 것이다.
성경 읽는 방법에서 보자면
노아의 입장이 아니라 하나님의 입장에서 말이다.

하나님의 입장에서 보자면 홍수로 세상을 쓸어버리신 이유는
하나님이 지으신 의도대로 작동하지 않는
오염된 말씀들을 정리하신 것으로 이해하는 것이 좋을 것 같다.
성경에 등장하는 세상과 사람은
하나님의 말씀을 펼치시는 도구로 창조하신 것이다.
그리고 성경에 쓰이는 물은 하나님의 말씀을 상징하므로
이 물이 하늘에서 내리는 것으로 비유된다면
비는 하늘에서 직접 내려주시는 하나님의 말씀이신 것이다.
그러므로 비가 내려 홍수를 이루어
세상의 모든 것들을 쓸어버렸다는 것은
사람의 생각으로 오염 된 하나님에 대한 생각들을
하나님이 직접 청소해 버리신 것이 된다.

그리고 이제는 하나님의 형상을 따라 만든
사람을 통해 가르치시는 것이 아니라
반복되는 절기를 통해 말씀을 가르치시겠다는
뜻을 밝히신 것으로 보인다.
그러므로 이전의 것이 깨끗하게 청소되고
더 이상 이전의 원리들이 사람의 삶을 지배하지 않는 상태를
안식이라고 생각할 수 있다.

매주 똑같은 반복의 생활을 살아가지만 자세히 들여다보면
그 반복의 생활을 통해 자녀들을 성장시킬 수 있고
자신의 생활도 점점 안정을 찾아가며
시간의 흐름을 따라 성숙한 업무 능력과
인생의 지혜도 배우게 된다.
역시 하나님의 안식도 이와 마찬가지로
실패와 성공의 모든 과정을 아울러
성숙의 시기가 되었을 때 일어나는 차원의 이동으로 보인다.
여기서 이전의 것들이 버려지는 순간이 오는데
휴식과도 같은 쉼의 순간이 생기는 것이다.

사람의 입장에서도

하나님의 안식을 일상생활에서 많이 만날 수 있다.

반복되는 종교 생활 속에서

이전과 다른 차원 높은 진리들을 찾아내는 날이 있을 것이며

그러면 이 사람은 이전의 종교 생활과는 안식하고

차원이 높아진 진리의 세계로 발전할 것이다.

또 학교생활에서도 학년이 올라감에 따라

좀 더 깊은 공부와 연구결과가 도출되며

이전의 초등학문의 수준을 벗어나는 것이나,

직장생활에서는 진급과 동시에

하급업무로 분류되는 일들을 멈추는 것 등이다.

세상은 돌아가고 돌아간다.

그러나 똑같은 일의 반복이 아니라

반복하며 발전하는 것이다.

이전의 일들로 고달팠다면 새로운 일들로도 고달플 것이다.

그런데 이러한 반복의 순간들 안에서

하나님도 마찬가지로 열심히 그 반복에 동참하실 것이다.

이전의 것을 벗고 새로운 차원으로 빠르게 바꾸려는 사람은
그 일에 열심인 사람으로 높이 평가될 것이다.
그러므로 삶을 유지하기 위한 각자의 생활이나
불안함을 불식시키기 위해 하는 종교생활이
자신의 차원을 높여주지 못하는 단계에 머무르고 있다면
모든 것이 수고일 뿐이라는 것을 깨닫고
나에게 짐이 되고 수고가 되는 일들의 비워내는 일이
현재의 안식을 가져다주는 방법일 것이다.

예를 들어 어떤 취미생활을 통해
삶의 휴식을 찾았고 있었는데
취미용구를 더욱 고급스러운 것으로 장만하고
그 가지 수도 늘려서 집이 취미용구로 빼곡히 차버렸다면
그 사람은 취미를 통해 위안을 얻기보다
그것들을 관리하는 수고에 빠져버린 것과 같다.
차라리 당장 필요 없는 것은 버리고 비워서
취미생활을 시작했던 원래의 목적을 찾는다면
자신에게 진정한 휴식의 시간과
재충전의 시간이 만들어질 것이다.

노아가 지은 포도농사는 새로운 차원이 열렸다는 상징이다.

그러므로 우리는 굳이 구약이라고 말하지만

노아의 차원에서 이미 새로운 약속이 펼쳐진 것이며

신약도 나의 기준으로 이미 2,000년 전에 주어진 것이므로

시간과 공간을 초월한 그분의 시간 안에서는

노아의 안식과 예수님의 안식을

우리의 현재에도 채워 가시는 반복을

나에게도 열어가고 계실 것이다.

일상을 완전히 탈출하는 안식이 없다는 것에

실망이 느껴지기도 할 것이다.

그러나 안식은 고속도로위의 휴게소의 역할도 해 주며

고속도로를 달려 그 끝에서 만나는 톨게이트가 되어줄 것이다.

이 톨게이트를 지난 세상,

각자가 도착할 종착점 그곳에 어떤 안식이 있을지는

도착한 사람들만 알게 될 것이다.

07. 셈 ·················· 이름, 이르다, 두다

셈은 어떤 인물이가요?

이름이 이름인 아들 셈

셈은 노아의 세 아들 중 하나이다.
셈에 관련한 기록으로는
노아가 홍수 이후 포도농사를 시작했고
포도주를 마신 후 장막에서 벗고 있을 때
함이 이것을 보고 셈과 야벳에게 알렸다.
셈과 야벳은 어깨에 옷을 메고 뒷걸음쳐 들어가
아버지의 하체를 덮고 얼굴을 돌이켜
아버지의 하체를 보지 않았다는 내용이다.

이 일로 셈과 야벳은 노아의 축복을 받게 되는데
'여호와는 셈의 하나님이 되시고 함의 아들 가나안은
그의 종이 되며 야벳은 셈의 장막에 거하게 되는 것'이었다.

셈에 대한 성경의 기록은
방주에 노아와 함께 들어간 것과 앞서 말한 장막 사건
그리고 노아의 족보에 등장하는 것이다.
이렇게 부족해 보이는 자료와 달리
셈은 말씀의 역사에서 아주 중요한 인물이다.
셈이라는 이름의 뜻과 노아의 예언 때문이다.

셈의 이름 뜻은 '이름'이다.
셈은 이름 자체가 '이름'인 것이다.
또 '두다, 놓다.'라는 의미도 있는데
이름이 '~라고 이르다.'의 명사형이므로
셈은 하나님이 앞으로의 계획을 일러주시기 위해
표지판으로 둔 인물이라고 이해 할 수 있다.
따라서 셈의 자손들을 통해 가리키시는 말씀의 방향을 보면
하나님이 어떻게 자신의 뜻을 펼치시는지
이해할 수 있는 것이다.

셈의 두가지 족보

하나님은 말씀의 흐름을 두 가지로 보여주신다.
셈에 대한 소개 중에 셈의 족보를 설명한 내용이 두 번 나오는데
창세기10:21~32절과 11:10~26이다.
이 두 가지 족보의 중요한 점은
세상이 나뉘는 분기점에 대한 것으로
두 족보 사이에 바벨탑 사건이 끼여있다.

먼저 창세기10:21~32절은
셈을 에벨 자손의 조상이라고 소개한 후
다섯 아들 중에 다섯 번째로 나온 아람을 먼저 소개한 다음
세 번째로 나온 아르박삿의 계보를 소개한다.
아르박삿은 셀라를 낳고 셀라는 에벨을 낳았는데
그의 아들인 벨렉과 욕단에서 세상이 나뉘었다.
그리고 족보는 욕단의 계보를 먼저 소개하는데
이 족보와 이어서 기록 된 사건이 바벨이다.

그리고 다시 창세기11:10~26에서
에벨의 자손 중 벨렉의 족보를 따라가는데
이 족보의 끝에 아브람이 등장한다.
아브람이라는 인물에서 하나님의 이야기는
또 다른 방법으로 새롭게 펼쳐진다.

이것이 셈을 표지판 삼아
두 갈래로 나뉜 세상과
그것이 바벨과 아브람으로 결론지어진
하나님의 말씀의 분기점이다.

노아는 예언에서
'셈의 하나님 여호와를 찬송하리로다'라고 했다.
이 말은 셈에 대한 축복과는 별 관련이 없어 보이고
하나님을 찬양한다는 의미로 보이지만 여기에는
'셈을 통해 나타나는 하나님의 말씀이 복되고 찬양받는다.'라는
의미가 함축되어 있다.
이것은 셈의 자손들을 통하여 하나님의 말씀이 보존되고
전달될 것이라는 의미이다.

그리고 야벳은 셈의 장막에 거할 것이라고 노아는 말했는데
야벳이란 의미가 '활짝 열다.'라는 의미이고
장막은 성막을 상징하므로
장차 야벳을 통해 말씀이 활짝 열린다는 예언이다.
실제 야벳의 자손들은
현재의 유럽 민족들을 구성한 것으로 추정되며
이들이 기독교를 세상에 널리 퍼뜨렸다.

셈은 성경에서나 현실적으로
중요한 위치를 차지하고 있다.
'아담' 계보의 중심이 되는 조상이며
셈의 후손에서 아브라함과 이스라엘 민족
그리고 다윗과 솔로몬에 이어 예수 그리스도가 나신다.

아랍어나 히브리어를 쓰는 '셈어족'이 여기에서 나왔으며
셈족은 에티오피아, 이라크, 이스라엘, 요르단 등지에
현재도 살고 있다.
아울러, 셈족은 히브리어 알파벳과
유일신 사상을 간직하고 전파한 족속으로
셈은 바로 그 유일신 사상을 전파한
첫 시작점이 되는 인물인 것이다.

하나님이 야벳을 창대하게 하사 셈의 [장막에 거하게] 하시고
가나안은 그의 종이 되게 하시기를 원하노라 하였더라
(창 9:27)

[셈] 쉠 – 이름, 놓다, 두다, 지명하다
[장막] 오헬 – 천막, 성막

한발 더 들어가기

히브리의 조상 셈은 무엇을 위해 존재하는가

성경은 무엇 하나 그냥 지나칠 수 없다.
성경에 기록 된 하나하나가
하나님의 마음을 가리키고 있기 때문이다.
인물이나 사건의 설명이 많지 않아도
거기에 기록된 것 자체가
무언가를 가리키고 설명하는 안내판이 된다.

셈의 이름은 '일러서(이르다, named) 정의한다.'는 의미이므로
하나님은 이 셈을 통하여
'아담의 아들들은 무엇을 위해 존재하며,
무슨 일들을 하는가.'를 정의하고 계신다.
그러므로 셈의 아들들을 시간의 흐름에 따라 살펴보면
하나님의 이르신 말씀들이
무엇을 의미하는 것인지 알게 될 것이다.

우선 아담의 아들들의 존재 이유는

하나님 말씀의 표본으로 보내졌다는 것이다.

셈의 족보는 세 번째로 기록된 아들

아르박삿의 자손들을 따라가며 기록한다.

그들은 셀라와 에벨인데

셀라는 '보내다'라는 뜻이고

에발(에베르, cross over)은 '건너가다'라는 뜻으로

'히브리'의 어원이 된 단어이다.

성경은 셈을 에벨의 온 자손의 조상이라고 정의한다.

따라서 히브리민족의 기원을 셈이라고 지목하고 있는 것이다.

처음 이들이 '히브리'라는 이름으로 불려진 것은 아브람 때인데

아브람은 에벨 족보가 품고 있는 하나님의 말씀을

성경에서 벌어지는 상황 속에서 풀어내는 인물이다.

실제 아브람은 하나님의 명령으로

자신이 살던 땅을 떠나 가나안으로 가야 했는데

그러기 위해선 유프라테스 강을 건너야 했다.

이 내용은 여호수아 24:3에

"아브라함을 하나님이 강 건너편(에베르)에서 이끌어 내어

가나안을 두루 행하게 했다"는 것으로 확인할 수 있다.

하나님은 아브람을 그의 땅에서 떠나도록 하실 때
'내가 보여줄 땅으로 가라'하시고 '복이 되라'고 명령하셨다.
이것은 그저 아브람에게 복을 주신다는 말씀보다
하나님이 땅을 통해 보여주실 말씀이 있다는 것이며
이것을 잘 나타내는 것이 복이라는 것이다.

그리고 요셉을 통해 애굽으로 이주했던 이스라엘 민족은
모세를 따라 홍해와 요단강을 건너 가나안으로 넘어들어온다.
그리고 신약시대에 와서
마지막 아담이신 예수님도 광야에서 요단강을 건너서
유대 땅으로 들어오시는데
세례 요한에게 받으신 세례가
땅으로 건너 들어오시는 하나님 말씀을
영접하는 의식을 묘사하는 것이다.

이러한 기록들이 복된 소식을 가지고 땅으로 건너오는
아들들의 모습을 보여주고 있는 내용들이다.

그리고 아담의 아들들이 하는 일은
씨 뿌리듯 흩어져서 하나님의 말씀을 널리 퍼뜨리는 것이다.
에벨에서 셈의 자손은 벨렉과 욕단 두 개의 가지로 갈라진다.
창세기 10:25절에 "그 때에 세상이 나뉘었음이요"
라고 기록되었는데 공교롭게도 에벨의 첫 아들 벨렉의 이름이
'쪼개다, 나누다'라는 의미이다.

족보는 둘째 아들 욕단의 자손들을 먼저 소개하는데
그의 이름은 '작아지다, 하찮아지다'라는 의미이다.
욕단은 열세 명의 아들을 낳았는데
그들 중 이름의 뜻이 알려지고 있는
아들은 셀렙(뽑아내다), 하살마웻(죽음의 마을), 예라(달)이다.
이 열세 명의 아들들은 현재
아라비아 지역의 족장들이 되었다고 한다.

그리고 벨렉의 족보가 나오기 전에

바벨의 이야기가 나온다.

하나님은 노아의 홍수 이후

노아와 그 아들들에게 생육하고 번성하여

땅에 가득하여 번성하라고 하셨다.

그리고 노아의 아들들로부터

사람(아담)이 온 땅에 퍼졌다.

그런데 그들이 동방으로 이동하다가

시날 계곡 사이 평지에 이르러 탑과 성을 쌓았다.

그리고 "땅에 흩어짐을 면하자"고 말했다.

탑과 성을 계곡 사이를 연결해서 마치 물을 막는 댐처럼 쌓아

자신들을 탑과 성안에 흩어짐 없이 보존하려는 의도였다.

이것은 온 땅에 씨 뿌리듯

말씀의 씨를 아들들을 통해 전달하려는

하나님의 뜻에 정면으로 도전한 것이다.

그리고 자신들의 이름을 내자는 것은
자신들의 말씀을 따로 세우자는 것이다.
이들이 이러한 일을 하는 것에 대해 하나님은
"그들의 언어(입술-사파)가 하나 때문이다"라고 하셨는데
입술은 '경계, 언저리'라는 뜻이다.
그러므로 그들의 경계인 언어를 성으로 쌓아
견고하게 하여 흩어짐을 면하려고 한 것이다.
그래서 하나님은 그들의 경계(언어)를 섞고 혼잡하게 하셔서
그들의 흩어지지 않으려는 의도를
박살내어 흩어버리신 것이다.
이때 '섞다, 혼잡'이 '바벨'이라는 이름이다.

바벨의 기록 이후

벨렉의 계보를 타고 내려가는 족보가 다시 나오는데

이 족보의 끝에 아브람이 등장한다.

이 자손들의 이름은 르우(친구), 스룩(서로 단단히 결속되다),

나홀(콧바람), 데라, 아브람(높은 아버지)이다.

특이한 점은

욕단의 경우 13명의 아들로 족보 소개가 끝나지만

벨렉의 족보는 아브람 이전까지의 자손들을 나열하며

그들이 낳은 첫째 자녀의 이름 외에

다른 자녀들을 많이 낳았다고 기록하는 것이다.

노아는 또 셈의 장막에 대한 예언을 했는데
장막은 말씀이 거하는 장소를 의미하며
출애굽기에서 성막으로 현실화 되었다.
성막은 전적으로 제사의 용도로 지어진 것이 아니라고 보여진다.
고대의 일반 사람들은 글자의 사용이 불가능하여
구전교육과 함께 그림이나 형상으로
하나님의 말씀을 가르치고 보존했다.
성막은 그 구조와 재료들이 상징하는 의미
그리고 거기서 벌어지는 절차를 통해
하나님의 말씀을 보여주어 가르치는 도구 중 하나로서
일종의 시청각 교제인 것이다.
그런 의미에서 셈의 장막을 이야기한 노아의 예언은
성막을 통해 말씀을 가르치시겠다는 하나님의 선언이다.

또한 셈이라는 단어는
'하늘(샤마임, heaven)'과 비교할 수 있는 의미를 갖고 있다.
하늘로 번역되는 샤마임이라는 히브리어는
'이름들'이라는 의미로도 해석할 수 있는데
하나님이 말씀하신 대로 이름 지어진 존재들이 거하는 곳,
말씀으로 창조되고 통치되는 나라로서의 하늘을 가리키고 있다.

이런 의미에서 여호와 하나님이 지으신 만물들에게
아담이 이름 지어주던 에덴동산은
땅에 지어진 하늘나라의 모형이라고 생각된다.
그러므로 에덴동산은 그것이 처음 세워지고 만들어진
위치와 형태를 현세에서 찾을 것이 아니라
에덴동산의 내용이 나의 안에 세워져서
하나님 말씀의 이름들을 내가 알게 되고
그 이름들이 나의 안에 있게 하는 것이
에덴동산을 다시 찾는 것이다.

셈의 인생은 성경에서
특별히 두드러진 스토리를 가지고 있지 않다.
하지만 셈으로 지칭되는 성경의 말씀들과
우리가 바라보는 하늘을 비교해 보면
비슷한 점을 찾아볼 수 있는데,
우리 눈에 보이지만 너무 멀게 느껴지는 것과
우리의 삶을 기대고 살아야 하는 것 그리고
알 것도 같지만 모르는 것이 더욱 많은 세계라는 것 등이다.
이 때 우리는 모순되는 두 의미를 동시에 경험하게 된다.
무심한 일상 현실과 가운데 놓여 있는 신비한 말씀이다.
나의 입장에서 현실은 벗어나기 힘든 챗바퀴 같지만
그 챗바퀴 바깥에는 무한한 신비의 말씀이 감싸고 있다.

우리끼리 하는 이야기

셈이라는 이름은 말씀이라는 뜻이다.

그런데 이 말씀 때문에 학창 시절 고민이 많았던 시기가 있었다.

말씀이란 무엇인가? 하나님은 나에게 무엇을 이야기 하시는가?

나에게 베풀어진 구원이 왜 이리 실감이 나지 않으며

나의 일상생활에서 신앙의 향기를 풍기기가 왜 이리 힘든가?

등의 어려운 고민들 때문이었다.

이러한 고민들 때문에 벌어진 개인적 일들을

조금만 이야기해보고자 한다.

성경을 처음부터 끝까지 통독도 해보고

산상수훈처럼 중요하게 여겨지는

구약과 신약의 말씀들과 사건들을 집중적으로 읽어보고

이러한 말씀에 대한 해설이 성경에 있는지 찾아보았지만

자세한 설명을 찾지는 못했다.

그래서 말씀에 대한 참고 서적들과

신앙을 해설한 책들을 읽어보았지만

내용면에서는 이미 설교로 들었던 부분이 많았기 때문에

새로운 내용이나 말씀에 대한 이해가 발견이 되지는 못했다.

그러던 어느 날 신앙서적에 나온 내용들의 배경을 이해하자면
신학생 수준의 공부가 필요하다는 것을 알게 되었다.
또한 교단별로 성경 해석이 다르거나
신앙생활의 중점요소를 강조하는 부분이 달라서
나중에는 오히려 정리가 더 안 되는 경우도 있었다.
그래서 성경공부를 포기하고
4년 정도의 시간을 흘려보낸 기억이 있다.

이 후에도 말씀을 이해하려면 성경 전체를 알아야 하는지
또는 핵심적인 말씀들을 찾아 공부해야 되는지
결론을 내지 못하고 오랜 시간 동안 손을 놓고 있었는데
말씀은 어려운 것이 아닐 것이라는,
또는 어려우면 안 된다는 생각이 들기 시작했다.
진리를 찾는 사람이 말씀의 본뜻을 찾기
어렵게 만들어놓으실 하나님이 아니시라는
확신이 생기면서부터이다.

그래서 다시 힘을 내고 마지막 동아줄을 붙잡는 심정으로
원어성경을 공부하기 시작하였다.
처음엔 무척 어려웠지만 조금씩 말씀을 읽어가며
뜻을 찾기 시작했다.
가장 가까운 성경의 기록 연대가
지금부터 2,000년을 거슬러 올라가야 한다.
이것은 그때의 기록 방법과
언어를 다루는 방법의 이해가 필요하다는 뜻이었다.
성경은 단어 하나하나에 하나님의 뜻을 담아놓기도 하고,
벌어진 사건의 전체의 내용의 핵심을
본문의 몇몇 단어에 압축하여 넣어서
사건을 이해하는 방향성을 제시하는 경이적인 기록물이었다.
성경 읽기가 어려웠던 이유 중에 하나가 발견된 것이다.

세계의 명화로 불리는 서양화 작품의 경우
화가의 유명세나 그림의 기법도 중요하지만
그림 안에 그려져 있는 인물의 옷, 배치 된 물건, 배경, 구도들이
역사적 사실이나 사건이 품고 있는
시대의 이야기들을 담고 있도록 그려져 있는 경우가 많다.
동양화의 경우는 서양화처럼 화폭을 다 채우지는 않고
보통 풍경화를 그리지만 그림 안에 표현된 사물들은
자신이 가지고 있는 사상을 나타내는 것들로 채우고
여백을 둠으로서 그림이 이야기하려는 의도 외에
더욱 많은 내용들이 있을 수 있다는 은유적 기법을 쓴다.

이처럼 상징을 이해하면 그림의 내용과 가치가 보이듯
성경도 그 상징의 내용과 배치 순서를 아는 것으로
진리를 깨우치는 방법을 제시하고 있었다.
그런데 이러한 단계까지 알려면
정말 많은 공부가 필요했다.

그래서 쉽게 실천할 수 있는 방법을 제안하자면
첫째, 성경을 이해하는
자신의 상상과 상식을 제거하는 것과
둘째, 궁금한 말씀의 내용에 대한 질문을
항상 품고 사는 것이다.
우선 자신의 상식을 제거해야 하는 이유는
성경의 단어들과 사건들을 자신이 알고 있는 대로 이해하면
말씀의 흐름을 놓치게 된다.
믿음이나 사랑 같이 쉽게 받아들여지는 단어조차도
내 입장이 아닌 하나님의 입장으로 이해한다면
전혀 다른 내용이 발견될 것이다.

우리 주변에 있는 일을 예를 들어 이러한 오해를 설명하자면,
어린아이들을 위한 동요 중 "송아지, 송아지, 얼룩송아지~"는
너무나도 유명한 노래이다.
그리고 이 송아지 노래를 인터넷에 이미지 찾기로 검색해보면
우유를 생산하는 젖소 그림이 대부분이다.
그런데 송아지 노래가 가리키는 얼룩소는
홀스타인종의 젖소를 가리키는 것이 아니라
우리나라의 토종 소인 칡소 또는 범소라고 불리는
짙은 갈색의 호랑이 무늬가 있는 소를 말한다.

젖소가 얼룩한 무늬가 있고
우유광고나 유제품 광고에 젖소가 많이 나오므로
아마도 젖소를 얼룩소라로 인식하게 되었겠지만,
이 노래에서는 우리나라 사람에게도 생소할 수도 있는
얼룩소라는 소가 있는데 순수 혈통을 자랑하는
소중한 우리 소의 한 종류가 있다는 것을
알리기 위해 만든 노래인 것 같다.

소 이야기가 나왔으니
소에 대한 이야기를 하나 더 하자면
제물로 바쳐지는 소는
고대에는 하나님을 상징하는 동물이었다.
소의 힘과 뿔은 강하신 하나님의 능력을 상징하고
소의 되새김질이나 내부구조는
말씀을 소화하는 방법에 비유되며
사람의 농경을 도와 결실을 맺게 하고
젖과 고기, 피 등 자신의 생명을 모두 주어
사람을 살게 하는 소의 역할과
그것을 누리는 사람과의 관계 때문이다.
그래서 소를 해체하여 제물로 바친다는 행위에는
하나님의 생명이 무엇인지
속속들이 알게 하려는 목표가 있는 것이다.

재미있는 비교가 한 가지 있는데

마찬가지로 소를 하나님의 형상으로 모시는

힌두교에서는 소를 먹지 않지만

유대교와 이슬람은 반대로 소고기만 먹는다.

두 종교 모두 소를 하나님의 상징으로 여기는 것은 마찬가지인데

반대의 종교적 정결규례를 가지고 있는 이유는

힌두교는 소를 숭상하는 마음 때문에

먹을거리로 삼지 않는 것이며

유대교는 소를 먹음으로서 하나님의 생명이

나와 함께 한다는 가르침을 위해 먹는 것이다.

그래서 하나님을 첫 번째로 가르친다는 의미에서

히브리어의 첫 알파벳이 소를 형상화한 알레프이고

소를 첫 번째 글자로 쓰던 알파벳 중에 하나가

언어의 변천 과정 중에 뒤집어져

소의 얼굴과 뿔이 아래로 향한 모습인 현재의 A가 되었다.

둘째로 궁금했던 말씀의 내용에 대한 질문을
항상 품고 살아야 한다고 말한 이유는
궁금해진 성경구절과 그 이유가 있다면
일단 최선을 다해 찾아보고 만약 찾지 못했다면
계속 마음에 품고 기다리시기를 추천드린다.
기다리다 보면 예상하지 못했던 시간과 상황 속에서
깨달음으로 다가온 경험이 개인적으로 많았기 때문이다.

인생의 많은 시간을 말씀에 대한 갈망으로 보냈던
지난 날들을 뒤돌아보면
많은 공부와 발을 동동 구르는 갈망이
깨달음을 재촉하지 않는다는 것을 알게 되었다.
오히려 최선을 다한 후
손과 마음을 놓고 유유자적 기다리면
기대하지 않았던 시간에
어려워했던 질문의 해답을 얻었던 것이
가장 시원한 해답이 되었기 때문이다.
그리고 하나님 말씀의 진리는 사람이 살아가는 환경과
세상에 널리 퍼져있어서 질문의 답은 항상 주변에 있었다.

말씀은 나를 자라게 하려는 목적으로 주신 것이다.

어린아이와 같은 나를 성인으로 자라나게 하여

어린아이를 낳고 키우는 부모로 만들려는 목적이다.

어린아이가 자라나 부모의 입장이 되면

어릴 때 자신을 키워주신

아버지, 어머니의 마음을 이해하는 것처럼

하나님도 자신의 말씀으로 인생을 성숙하게 키워서

하나님의 마음을 가진 친구로 삼으시려는 것이다.

그리고 이렇게 하나님의 마음을 가진 사람들이 가리켜

하늘나라라고 부르는데

하나님이 이르신 말씀이 이름(쉠)이고

이 이름들의 복수형이 하늘(솨마임)이기 때문이다.

08. 함 ···························· 열기, 뜨거움

함은 어떤 인물이가요?

함과 그의 자손들

함은 노아가 낳은 세 아들중 하나이며
셈과 야벳의 형제이다.
다른 형제와 마찬가지로 홍수가 일어날 때
아버지 노아와 방주에 들어가 구원을 받았으며
홍수 이후 하나님의 축복을 받았다.
그런데 노아가 포도농사를 시작한 후 포도주를 마시고 취하여
장막에서 벌거벗고 있을 때 이 모습을 본 함이
밖에 나가 형제들에게 알렸는데
이 일로 함의 아들 가나안이 노아의 저주를 받게 된다.
그 저주의 내용은 가나안이 형제들의 종들의 종이 되는 것이었다.
이 사건과 노아의 죽음 이후 함의 족보가 나오는 것이
함에 대한 성경 기록 내용의 전부이다.

함의 자손들에 대한 기록은
창세기 10:6-20에 기록되어 있다.
함은 구스, 미쓰라임(에워싸는 것, 성채), 붓, 가나안(낮추어진)
네 아들을 낳았는데
구스는 현재의 에티오피아를 가리키고,
미쓰라임은 애굽으로 번역되었는데 현재의 이집트이다.
붓은 현재의 리비아 지역을 가리키며
마지막으로 가나안 민족의 조상인 가나안이다.
이들로부터 여러 나라 백성을 이루어
각기의 언어와 종족으로 바닷가 땅에 머물렀다.

함의 자손들은
아프리카 북부와 현재의 이란, 이라크를 잇는
비옥한 초승달 지대로 넓게 퍼져 나간 것으로 보인다.
그 중에 구스의 아들인 니므롯은
당시 속담이 만들어질 정도로 유명한 인물이 되었는데
강력한 힘과 사냥 능력으로 앗수르 제국에 비교할 수 있는
대제국을 건설한 것으로 보인다.

이들은 셈의 자손 중
아라비아 지역으로 간 것으로 보이는 욕단의 후손들처럼
애굽과 메소포타미아 지역을 차지하고 살아간 것으로 보인다.
특이할 점은 이들이 살던 지역이
세계 4대 문명이 발생한 지역 중
이집트 문명과 메소포타미아 문명의 대부분을 차지하였으며
그들은 이 땅에서 자신들의 문명과 세력을 키워 나갔다.
그리고 지형적으로 이스라엘 왕국 주변을 감싸고 있으며
정치, 군사, 이방 신앙으로 괴롭혔던 강력한 세력들이었다.

그런데 함의 막내아들 가나안은
노아의 저주 때문인지 자신의 형들이 이룬
대제국 문명 같은 큰 나라를 건설하지 못했지만
지중해의 해변을 따라 거주하면서
상업과 무역으로 번성하였다.
이들의 주요 도시로는 두로와 시돈이 있으며
이들이 거주하던 가나안 지역으로
오랜 세대 후에 애굽에서 탈출한 이스라엘 민족이 들어온다.

가나안 땅은 농경산업이 상당히 발달되어 있었고
또한 상업과 무역이 발달하여
여러 민족이 섞여 사는 땅이기도 했다.
이 때문에 이민족의 이방신앙과 이방문화들이 혼재했고
나중에 이 지역으로 들어간 이스라엘의 목축 문화와
가나안의 농경 문화가 충돌했으며
농경신으로 그 땅에 터를 잡고 있던 바알신앙은
이스라엘의 여호와 신앙에 섞어들어와
선지자들로 많은 경고를 듣기도 하였다.

다만 이 때 가나안에 거주하던 족속 중 하나인 블레셋(플레스트)은
함의 자손과는 상관이 없는 정체불명의 바다 민족 중 하나인데
이들은 고대시기에 지중해 지역을 쑥대밭으로 만들며
문명을 파괴하고 약탈하다가 일부가 이 지역에 정착했고
이들의 이름 따서 지금도 이 지역 이름을 팔레스타인이라고 한다.

이와 같이 함의 자손은
이스라엘의 주변에 거주하며
이스라엘과 갈등하는 민족들로 분파했다.
함의 이름의 뜻인 '검다' 또는 '덥다'는
어떤 열기에 의해 검어지거나
뜨거운 열기를 뿜어내는 것을 말한다.
함의 이름이 그 자손들이 살고 있는
현재의 지역이나 상태를 나타내는 것 같아서
시공을 초월하는 말씀의 힘을 실감하며
이러한 면에서 노아의 저주는 현재의 우리에게도
말씀의 진행형으로 보여지고 있는 듯 하다.

가나안의·아버지 함이 그의 아버지의 [하체]를 보고 밖으로
나가서 그의 두 형제에게 [알리매] (창 9:22)

[함] 함 – 열기, 검다, 뜨거운, 흥분시키다
[하체] 에르바 – 발가벗은
[알리매] 나가드 – 눈에 잘 띄다, 이야기하다, 알리다

한발 더 들어가기

함의 이름의 의미는 '검다, 덥다'로
열기에 의한 뜨거움을 표현한다.
이것은 빛 또는 불 자체는 아니며
광야의 내리쬐는 태양빛으로 인해 뜨거워진 열기나
숯불 등을 피웠을 때 발산되는 뜨거운 기운 같은 것이다.

이것을 지금 현재 함의 아들들이 살고 있는
아프리카나 중동지역의 환경이나 인종 등을 비유하여
말할 수도 있겠지만,
성경에서 이 열기가 나오는 대표적인 기록이
출애굽 당시 광야에서 헤매던 이스라엘 백성들에게
먹을 거리로 내려졌던 하늘 양식인 만나 사건이다.
이방을 섬기던 압박에서 벗어난 이스라엘 민족은
하늘에서 내려온 양식을 새벽 여명 빛이 없을 때 거두었는데
아침 태양이 나타나면 그 열기에 하늘 양식은 사라졌다.

이스라엘 백성은 광야에서 먹게 된 하늘양식을
'만나'라고 불렀다.
그런데 이 만나의 뜻은 '이게 뭐지?'이다.
이스라엘 백성은 하늘에서 내려온 '그 무엇'에 대해 설명하거나,
그 내용을 정의할 수 있는 이름을 지을 수 없었다.
그래서 '이게 뭐지?'라고 불렀다.
만나는 어둠과 빛이 공존하는 여명의 시간,
보이지 않는 진리와 보이는 진리가 교차하는 시간에 내려왔다.
그러나 태양이 내뿜는 찬란한 빛과 열기가 나타나면,
하늘의 양식 만나는 흔적도 없이 스러져버렸다.

하나님의 진리는
성전, 성물, 환상, 성별 된 인물 등 여러 형상으로 나타나지만
사람의 눈으로 볼 수 없는 그 무엇이며,
또 이상 중의 말씀, 예언, 설교, 간증 등 공기를 진동시켜
사람이 들을 수 있는 소리의 형태로 나타나지만
사람의 귀로 듣는 것이 아닌 마음의 울림으로 듣는 것이므로
특별히 성별 된 사람만 듣거나 볼 수 있는 것이 아닌
우리 주변의 모든 것들을 통해 각자에게 전달되는 '그 무엇'이다.
이 '그 무엇'은 사람의 말로 정의하거나 설명할 수 없다.

여기서 또한 하나님 말씀의 비유로 쓰인 것이 태양(쉐메쉬)이다.
아람어에서는 '말씀으로 섬긴다'라는 뜻을 품고 있는데
태양이 내뿜는 빛은 말씀을 전달하는 모든 형상들을 상징하고
열기는 그 형상들이 내뿜는 하나님의 영광이다.
그러나 정작 그 강한 빛 때문에 태양의 실제 몸체는 볼 수 없다.

이러한 상징을 쉽게 풀어 보자면
태양의 빛은 선물을 전달하는데 필요한 상자와 포장지이다.
하나님은 자신의 말씀을 전달하시기 위해
상자에 넣어 정성스럽게 포장을 하시고
포장 된 겉면에 발송자와 내용물 표기를 하셔서
우리에게 보내셨다.
그런데 이 선물을 너무 거룩하게 여긴 나머지
상자와 포장지도 거룩하게 여겨 뜯어 볼 생각도 못하고
소중히 보관하면서 보내신 하나님에게 감사의 예배만 드리면
그 안에 담긴 선물의 내용은 영영 확인할 길이 없게 된다.

이렇게 태양처럼 나타난 말씀 중에

하나님의 뜻을 전달하도록 하는 것이

돌 판에 새긴 십계명, 두루마리에 적은 토라,

우리가 보고 있는 성경 등이며

이방에서는 태양이나 달 또는 짐승 등

자신들이 섬기는 신의 성격을 반영하는 것을

형상으로 만들어 제사나 예배를 드리기도 한다.

이것을 신약의 헬라어 성경은 에이돌론, 에이콘이라고 하는데

이것은 '보여주다' 그리고 '형상'이라는 뜻이며

지금의 영어로 아이돌 또는 아이콘으로 쓰인다.

함의 이름이 품고 있는 '열기'라는 의미는

말씀을 나타내기 위한 형상들의 카리스마로도 이해된다.

카리스마는 본래 '은혜'라는 뜻인데

은혜는 감사하게 받아야 할 나에게 주신 선물이다.

그러나 기대할 수 없었던 '은혜'의 감격에 압도되어

당당함은 사라지고 연신 굽신거리며 구걸하듯 받는 선물이 되어

하나님에 대한 두려움과 숭배만 남게 하는 것

그리고 이 숭배를 남에게도 전파하고 강요하는 것

이것 또한 열기가 하는 일이다.

장막 안에서 술에 취해

옷을 벗고 있는 아버지의 하체를 보고

함이 형제에게 알린 사실이

그의 아들 가나안에게 가혹한 저주로 돌아왔다.

잘못은 함이 저질렀는데 그의 아들이 저주받는 상황

그리고 그 저주는 노아의 막내손자인 가나안의 자손 대대로

영원히 받아야 하는 상황은

노아가 너무 과민했던 것 아닌가 하는 의문을 갖게 한다.

때문에 이 저주의 상황에 대한 많은 가설들이 존재한다.

그러나 성경에 적혀있는 것만으로 이해하자면

함은 그냥 아버지의 하체를 바라 본 것이 아니다.

함이 아버지의 하체를 '보았다(라아, look)'라는 의미는

아주 자세히 쳐다보며 심각하게 숙고하며 관찰했다는 의미이다.

따라서 함은 보이는 것에 속아 그 내면의 의미는 알지 못한 채

외면의 형상에 자신의 마음을 뺏겨버리는

사람의 한계를 보여주는 인물이다.

이런 상황 때문에 함이 노아에게 동성애를 행했다는

가설도 있을 지경이다.

함이 아버지의 하체를 본 것이 왜 문제가 되냐하면
'하체'로 번역된 단어 '에르바'는
에덴에서 선악과를 먹은 아담과 여자가
자신들의 '벗음(아롬, discover)을 알았다'와
같은 부류의 단어이다.
'벗음(아롬)'은 그냥 맨몸의 노출이라기보다
내면의 것을 외연으로 나타내는 것을 말한다.
그래서 이 단어는 '간사'라는 부정적 의미와
'슬기'라는 긍정적 의미 두가지로 쓰인다.

진리는 내면적으로 작동하면 생명이 되지만
외연, 외적 형식으로 나타나면 속이는 수단으로 변질되기도 한다.
이것은 약과 같아서 잘 쓰면 병을 고치지만
잘못 쓰면 독이 되어 목숨도 앗아갈 수 있는
양면성을 지니고 있는 상황과 같다.
그러므로 노아가 술에 취한 채 벗고 누워 있던
장막 안에서의 상황은 에덴에서의 상황이 재연 된 것이며
그러한 외연의 보암직한 매력에
함은 선악과를 바라보는 '뜨거운 열기'와 같은
마음을 가지게 되어 형제들에게도 알린 것이다.

그러나 이미 상황은 달라져 있지 않은가.

홍수 이후를 살고 있는 노아의 아들 중 셈과 야벳은

아버지 노아가 노출한 외연을 보지 않고 옷으로 덮었다.

이것은 훗날 시내산에서 십계명을 가지고 내려온

모세의 빛나는 얼굴을 수건으로 가린 것과 같은 상황이며

나중에 레위기에 부모, 친척의 하체를 보거나 범하지 말라는

율법으로 못 박아놓게도 되었다.

또 함이 두 형제에게 '알렸다(나가드, inform)'는 것은

아버지의 하체에 대하여 형제들이 잘 알아듣도록

전시하듯 자세히 드러냈다는 의미이다.

그래서 노아는 이러한 함의 행위에 대해

가나안에게 대대의 저주를 내려서

하나님 말씀을 외적 형식으로 집중하는 행위에 대해

대대로 경계의 표상을 세운 것이다.

이러한 함을 성경은 작은 아들이라고 기록하고 있는데
'작은(카탄, lesser)'은 '작아진'이라는 의미로
상징적으로는 '싫어하다, 미워하다'라는 의미이다.
이것은 어쩌면 함을 통해 하나님이 싫어하고 미워하는 것이
어떤 것인지 보여주시려는 의미로 이해할 수 있다.
바로 내면으로 스며드는 영적 진리에 역행하는
외식으로 대표되는 외형적 신앙생활이다.
또 가나안의 자손들이 퍼져나간 지역 중에
소돔과 고모라가 있다는 것도
하나님의 싫어하심과 미워하심이
어떤 결과를 가져오는지 보여주는 사례로 나타난다.

가나안은 노아의 장막 사건에서
함의 아들로 갑자기 등장한다.
그리고 성경은 노아의 하체를 본 사람을
가나안의 아버지 함이라고 소개한다.
이것은 가나안과 그의 아버지 함 그리고
히브리민족의 조상 에벨과 그의 아버지 셈을
말씀의 내용으로 대비해서 볼 수 있는 좋은 예이다.

셈과 에벨은 말씀의 진리적인 측면을 나타내고 있고
함과 가나안은 말씀의 세속적인 측면을 담당하는 것으로
그 이름들의 내용으로도 이해된다.
이러한 면에서 성경은
셈은 말씀의 통로로
에벨이라는 아들이 중심이 되고
함은 종교의 세속적인 상징으로
가나안이라는 아들을 등장시키는 것이다.

함의 아들 가나안은 '낮추어진'이란 뜻이다.

보통은 진리의 말씀, 진리의 생명을 깨닫지 못하게 하는

형식적인 종교 행위들을 상징한다.

진리의 비밀이 내 안을 채우지 못해

겉으로 드러나는 행위를 중시하고,

우상숭배 하는 방법으로 하나님을 섬기게 하는 것이다.

이러한 가나안이 살게 된 땅은

농경과 무역으로 생업을 이어가고

바다에 인접해 여러 민족과 섞여 살며

사고 파는 일에 능한 사람들이 모여들고

그들의 문화를 받아들여

이방의 신들과 땅의 신들이 수없이 존재하여

가나안의 영적부분과 생활을 완전히 점령한 환경이 되었다.

우상에 대한 종노릇만 하다가

이 땅이 이스라엘 자손들의 지배하에 놓인 후에도

자신들의 우상 문화를 포기할 수 없었고

그리고 그것을 이스라엘 자손들에게도 전염시키는 것

이것이 가나안의 자손들이

종들의 종노릇으로 대대손손 남겨지는 이유이다.

그리고 함의 아들 가나안이 받는 저주가
가나안 족속만의 저주가 아닌 것은
나중에 이 땅으로 들어올 이스라엘 민족이
가나안의 세속적인 종교로 함몰되는 것에 대한 경고이며
이것은 현재의 우리에게도 동일하게 적용된다.

종교의 형식이 없다면
우리는 하나님을 알고 익힐 방법이 없다.
이것도 선악과의 양면성처럼
정신을 담기 위한 육체의 의미로 이해해야 한다.
온전한 말씀의 전달을 위한
건전한 종교 행위는 필수적인 과정이다.
그러나 행위에 함몰되어 내용을 알지 못하는 위험성을
가나안이 받은 저주를 통해 경고하고 있는 것이다.

이러한 낮은 땅 가나안에 예수님이 오셔서
높은 하늘의 말씀을 전해주시게 된다.

우리끼리 하는 이야기

함의 열기로 대표되는 욕망은
사람이 느끼는 일반적인 욕망을 나타낸다고 보기 어렵다.
함의 욕망은 종교적인 욕망이기 때문이다.
이러한 종교적 욕망이 진리나 말씀을 깨닫는데
가장 걸림돌이 된다는 것이 함의 교훈으로 보인다.
욕망은 무언가를 하고 싶어하는 여러 가지 원함을 말한다.
그런데 성경이 말하는 욕망은 사람이 살아가면서 느끼는
여러 가지 욕구에 대해 말하는 것은 아닌 것으로 보인다.
이 둘을 구분하는데 세심한 주의가 필요해 보인다.
영적 부분과 사람의 양심의 부분은
본질적으로 겹치는 점이 많아 보이기 때문이다.

성경을 읽다보면 욕망과 열망에 대해 경고하는
사건들을 자주 접하게 된다.
노아의 아들 함의 경우에도
이러한 종교적 욕망을 드러내는 경우 벌어지는 일들에 대한
경고로서 나타난 것으로 이해되었다.
그런데 이러한 욕망이나 열망을 간단하게 정의해 보자면
이미 자신이 가지고 있는 것보다
더욱 많은 만족이나 채움을 요구하는 것이 욕망이고
이러한 욕망이 상승 작용하여 집착의 상태가 되는 것이
열망이라고 할 수 있겠다.
이러한 욕망은 내면의 만족이나 채움보다
외면으로 표출되는 자랑이나 우월감을
다른 사람에게 드러내는 것으로 더 큰 만족을 얻게 된다.

그런데 이러한 욕망이
살아가는데 필요한 기본적인 것들을 요구하는 욕구와
혼동하여 교육되는 경우를 발견하게 된다.
물론 욕구가 강해지면
욕망과 비슷한 형태로 표출되는 것이 사실이지만
이 둘은 분명히 다른 기능을 수행한다는 이해가 필요하다.
이 분별이 이루어지지 않으면
생활에 필요한 기본적인 요구들마저
욕망으로 오해하여 양심의 부담이 상당히 커지기 때문이다.

욕구는 생물학적 본능과 사회문화적 정서의 충족
두가지를 모두 아우른다고 이해하는 것이 좋겠다.
욕구는 생명 유지를 위한 기본 프로그램 같은 것으로
이러한 욕구가 개인 간, 사회 간 도덕적인 범주 안에서
표출되기만 한다면 범죄의 영역에 들지 않는다.
이것은 생존에 필요한 먹을 것과 입을 것
그리고 살 공간의 영역을 안전하게 만들려는
생존의 욕구에 해당한다.
식욕, 성욕, 주거 안정과 정서적 안정의 욕구 등이다.

그런데 이성에 대한 욕구는

이러한 욕구들보다 더 민감하게 취급 당하는데,

실생활과는 다른 문제인데다 극히 개인적인 문제이기도 하고

그러면서도 사회 도덕적인 약속 안에서 행해져야 한다는

복잡한 조건들이 있기 때문인 것 같다.

그러나 성욕은 자손을 낳은 데 없어서는 안 될 욕구이며

만약 성욕이 사라지면 모든 생명체는

자손을 남길 이유를 찾지 못할 수도 있다.

이것은 어쩌면 기본적인 생활에 대한 욕구보다

근본적이며 차원이 더욱 높은 욕구이므로

도덕과 예의를 중시하고 사회적인 관계가 발전된 인간에겐

이 욕구를 다루는 기본적인 교육이

잘 이루어져야 하는 중요한 욕구이다.

그러므로 이 욕구 자체에 대해 죄책감을 느낄 필요는 없고

올바른 교육을 통해

소중한 본능이자 기본적인 욕구라는 점이 이해되어야 한다.

욕구는 무조건 터부시할 문제가 아니다.
분명한 개념과 타인과의 관계를 명확히 하여
조심할 문제일 뿐이다.
그러므로 성경은 사람의 모든 욕구를 통제하라거나
나쁘다고 말하지는 않는다.
기본적인 생존을 위한 욕구들을 통해
각자의 건강과 안전을 보장받고
미래의 세대를 준비하는 원동력이 되기 때문이다.

이러한 욕구들과 비교되는
성경이 말하는 욕망은 한가지로 정의할 수 있는데
바로 하나님에 대한 욕망이다.
이 욕망은 순기능과 역기능이 있는데
우선 순기능은 하나님을 삶의 가치와 목표로 삼고
하나님을 만나길 기대하는 것이다.

그리고 역기능은
하나님을 섬기는 것을 중요하게 생각한 나머지
오직 자신만 올바르게 할 수 있다고 생각하여
다른 사람이 하나님에게 접근하는 방법을 가로막고
하나님에 연관된 것들 모두를
하나님처럼 여기고 성역화하는 것이다.

이러한 욕구를 성경은 간음이라고 한다.
하나님에 대한 것들 성전이나 예배, 성경의 내용들을
자기의 욕망과 열망대로 사용하기 때문이다.
하나님은 영광 받으셔야 하고
일반인들이 함부로 하나님을 대하면 안 되기 때문에
성별된 사람만 접근할 수 있고
하나님을 예배하고 찬송하는 일에 집중하여
거룩한 일에 조금의 흠결이나 부정한 것도
용서할 수 없다는 태도 등이다.

그리고 일반 사람들이 하나님에게 나올 때
성별된 몸가짐과 제사절차,
제물의 종류에 엄격한 잣대를 들이대고
일반 생활에도 이러한 엄격한 잣대로 통제함으로
하나님을 만나는 일은 꿈에도 두려워지는 일로 만들어 버린다.
오로지 엄격한 생활통제를 통해 모든 마음이
정결과 예식에 집중하도록 하여
하나님께 나오는 사람이 성별 예식과
제사의 절차에만 마음이 집중하도록 하기 때문이다.

이것은 이방의 종교를 가진 사람에 대한 이야기가 아니다.
먼저는 이스라엘 민족을 말하는 것이며
지금으로는 교회를 다니고 있는 우리도 포함된다.

엄격한 규칙과 통제된 행동으로 하나님을 섬기고
예배에 집중하라는 것이 율법을 주신 하나님의 본뜻이 아니다.
예배의 목적은 하나님을 만나는 것이며
그 만남을 통해 거듭난 생명으로 태어나기 위함이다.
그러므로 이러한 뜻을 벗어나 내용 없는 형식적 예배와
신앙생활의 규율로 율법의 가르침에 집중하는 것을
간음, 우상숭배라고 말할 수 있는 것이다.

우리에게 필요한 예배는 하나님과 함께 하는 예배이다.
이 예배는 하나님께 드리는 것 보다
하나님의 말씀을 받는 것에 집중해야 한다고 생각한다.
드림에 집중하는 것은 자신이 중심이 되는 예배가 될 것이고
받음에 집중하는 예배는
하나님이 중심이 되는 예배가 될 것이기 때문이다.
드린 만큼 받는 것은 이방적 예배의 본질이다.
끝없는 말씀의 공급과 깨달음으로 거듭나는 예배,
하늘적 차원의 사람으로 태어나는 예배,
하나님의 말씀으로 충만한 사람을 만드는 예배가
우리의 예배가 되어야 한다.

애굽에서 나온 이스라엘 백성은 시내산에 도착하게 되었고
모세는 이 산에서 하나님의 말씀을 받게 된다.
그런데 말씀을 받으러 산으로 올라 간 모세가
시간이 오래 걸려도 돌아오지 않자
이스라엘 백성들 일부는 모세의 형 아론을 협박하여
금송아지를 만들어 축제의 제사를 벌이게 되었다.

이들이 만든 금송아지는 이방의 신을 만든 것이 아니다.
자신들이 가지고 있는 하나님의 이미지를
자신들이 아는대로 형상화하여 자신들을 광야에서 지켜줄
자신들이 욕망하는 하나님을 만든 것이다.
이렇게 욕망과 열망은
하나님을 만나는 순간에도 그 예배를 한 순간에
간음과 우상숭배의 예배로 변질 시킬 수 있는
무서운 힘을 가지고 있다.

그리고 보통의 사람은 진리의 예배와
간음과 우상숭배의 예배를 구분하기 힘들며
오히려 간음과 우상숭배의 예배가 더욱 매혹적이고
그러한 행위를 반복하고 싶은 욕구를 더 많이 느끼게 한다.
심지어 충성심과 의무감으로 이러한 예배를 지키려고도 한다.

자신의 내면에서 일어나는 마음의 작용이므로
자발적인 충동에 의한 행동은
자신의 내면에 하나님의 이미지로 자리잡은
송아지의 이미지를 진짜 하나님으로
믿어 의심치 않는 상황으로 치닫는 것이다.

이러한 욕망에 사로잡히면
진리의 소리는 오히려 멀리 해야 할 나쁜 가르침이 되고
외형의 아름다움에 눈과 마음을 빼앗긴다는 것이
함을 통해 보여주시는 교훈으로 생각 된다.

09. 야벳 ·························· 활짝 열다

야벳은 어떤 인물이가요?

장막을 열어주는 아들

야벳도 노아의 세 아들 중 한 명이다.
야벳에 대한 기록은 셈의 기록과 중복되며
야벳의 족보는 형제들에 비해
상당히 적은 분량으로 소개 되었다.
야벳이 노아에게 받은 축복은
"하나님이 창대하게 하시고 셈의 장막에 거하며
가나안은 그의 종이 되리라"는 내용이다.
이 예언의 첫 번째 단어 '창대(파타)'가
야벳(예페트)의 이름이다.

야벳은 '열다, 확장'의 의미의 이름을 가진 인물이다.
또 "셈의 장막에 거한다."라는 예언으로
야벳은 찬송 받으실 여호와의 장막에 거하는 축복을 받는다.
그리고 성경에 기록된 야벳의 자손들은
지금의 동유럽과 북유럽 그리고 지중해의
그리스 지역으로 나아간 것으로 보인다.

다른 형제들에 비해
상당히 적은 분량을 차지하고 있는 야벳이지만
야벳(열다, 확장, extend)이 가지고 있는 의미와 내용은
오히려 다른 형제들보다 비교할 수 없는 차원을 가지고 있다.
그것은 야벳 형제들의 순서를 보면 알 수 있는데
셈과 함은 하나로 소개되고
야벳은 그 다음을 잇는 형제로 소개된다.
직역하자면
"노아가 낳았는데 그 셋이라는 아들들은
즉 셈 즉 함 그리고 즉 야벳이다."라고 할 수 있다.

이것은 아담의 세 아들인 가인과 아벨
그리고 셋이 보여주는 구조와 대입이 가능하다.
가인과 아벨은
하나의 짝으로 말씀의 대립되어 나타나는 의미를 보여주고
셋은 그 대립된 말씀들이 도달해야할 결론이다.
노아도 마찬가지로 세 아들을 낳았는데
셈은 말씀을 나타내고
함은 그 말씀이 세속적으로 해석되는 것에 대한 경계이고
야벳은 말씀이 세속적으로 해석되는 상황 속에서도
진리로 열리는 상태를 상징한다.

노아는 야벳이 "셈의 장막에 거하게 하시고"라고 했다.
셈은 하나님의 이르신 말씀을 상징하는 인물이므로
말씀의 열림과 확장이 창대하게 열리기를 바라는 예언이다.
그러므로 야벳은 확장되고 열려갈 말씀의 미래를 기대하며
그리스도 사역의 마지막 결론을 고대하는
예언이라고 볼 수 있다.
그리고 셈의 종이 된 가나안이
또 다시 야벳의 종이 될 것이라고 노아는 예언했다.

이것은 말씀의 시작에서부터 그리스도의 사역에 이르기까지
가나안의 성격과 본질은 변하지 않을 것이라는 경고이다.
만약 우리도 진리의 본질보다는
외식과 형식에 집중하는 신앙생활에 빠져있다면
그리스도가 내 앞에 오시더라도
깨닫지 못할 것이라는 영원한 경고이다.

야벳은 미래를 품고 있는 인물이다.
그러므로 그의 현재 위치와
할 일에 대한 대강의 설명이 있을 뿐이다.
펼쳐지지 않은 미래에 대하여는
자세한 설명을 미리 할 수 없기 때문이다.
그래서 야벳은 확장되어 활짝 열릴 미래에 대한 기대이다.
또 야벳의 이름대로 창대하게 펼쳐질 장막은
우리에게 약속된 셈(말씀)이라는 하늘의 장막이다.

하나님이 야벳을 [창대하게] 하사 셈의 장막에 거하게 하시고
가나안은 그의 종이 되게 하시기를 원하노라 하였더라
(창 9:27)

[야벳] 예페트 – 확장
[창대] 파타 – 열다, 넓다

한발 더 들어가기

노아가 오백세 때 낳은 아들 중
야벳의 이름이 가장 늦게 배치된다.
이러한 면에서 야벳은 다소 중요도가 낮은 인물로 보일 수 있다.
창세기 내용 중에 야벳을 중심으로한
직접적인 사건과 표현도 거의 등장하지 않기 때문이다.
하지만 더 깊이 생각해보면
말씀의 세계, 하나님의 세계로의 확장은
글이나 말로 표현할 수 없고
그것을 경험한 자만 알게 되는 비밀이기 때문이다.
그래서 성경 기록상의 내용이 적더라도
하나하나 신중하게 들여다보고
또한 전체적인 흐름을 보려고 노력하는 것이
성경읽기의 기본이다.

야벳의 '확장된 열림'은
예수님이 십자가에 달리시고 성전의 휘장이 찢어지며
당시의 종교 세력에 의해 가로막혀 일반인의 접근이 불가능했던
성전이 공개되는 것을 연상케 한다.
예수님이 십자가에 달리신 여러 이유 중 하나가
모든 이들에게 예수님의 죽음을 공개하기 위해서이다.

당시 로마제국은 골고다 언덕을
정치범이나 로마에 대항하는
세력들을 처단하기 위한 형장으로 이용했다.
그 이유는 골고다 언덕이 예루살렘으로
들어오고 나가는 큰 길 가에 있었기 때문이다.

예루살렘은 예로부터 유대인을 제외한
이민족들에게도 중요한 종교의 중심지요
무역과 상업을 위해 통과해야 하는 중요한 교역로에 있었다.
여기를 지나는 내국인은 물론 많은 외국인들이 오고가면서
골고다 언덕 십자가에서 참혹하게 죽어가는
로마의 죄수들을 보고 감히 로마제국에 대항할 의지를
미리 꺾는 것이 목적이었다.

십자가의 죄수들은

자신의 몸무게가 자신의 숨통을 조이는 십자가의 형틀에서

몇날 며칠을 죽지 못해 헐떡이며 고통의 숨을 쉬다가

말라죽어가는 것이 보통이었다.

그러나 반나절 만에 완성된 예수님의 죽음은

통상적인 경우에 비해 너무 빨라

빌라도가 이상하게 여길 지경이었다.

이것은 예수님이 유월절의 시간을 맞춰

자신의 죽음을 결정하신 이유 때문이다.

말씀의 흐름을 따라 유월절 어린 양으로서의

사역을 보여주기 위해

이 골고다 언덕에서 자신의 죽음을 열어서 공개하신 것이며

시간도 정확하게 맞추어 진행하신 결과이다.

그러자 가려져있던 성전의 휘장도

정확히 반으로 찢어져 활짝 열리게 되었다.

성전이 공개되고 열리는 것은
모든 사람에게 말씀이 열려있어야 한다는 뜻이다.
사실 여호와의 성전은 다른 이방 종교의 성전과는 달리
출애굽기 때 처음 세워진 성막이나
예루살렘의 솔로몬 성전 심지어 헤롯의 성전조차도
모든 이에게 열려있는 말씀으로 존재했어야 했다.

장막은 '멀리서도 잘 보이는, 깨끗하다, 빛나다'라는 의미이다.
실제 출애굽 당시 하얀 세마포로 만들어
넓은 광야에 지어진 성막은
햇빛을 받으며 눈부시고 하얗게 빛났을 것이며
멀리서도 잘 보였을 것이다.
또 높은 언덕에 자리 잡은 솔로몬의 성전은
예루살렘으로 들어오는 언덕을 넘는 모든 길의
모든 방향에서 잘 보였을 것이다.
왜냐하면 성전의 존재 이유는
하나님의 말씀을 보여주고 알리는 것이기 때문이다.

성막과 성전을 주신 목적

성막의 구조, 성막에 쓰인 재료,

성막 기물들의 위치와 개수, 성막에 두어야할 물건,

솔로몬성전 벽에 새겨진 그림들,

성전에서 행해야 하는 일 등은

문자를 쓰지 못하도록 금지 되었던 일반 백성들에게

하나님이 성경의 기능으로 주신 것이다.

왜냐하면 고대를 거쳐 근대에 이르기 전까지의 문자는

신의 계시나 왕의 문서를 기록하는 것에만 쓰였고

일반 백성들이 글을 쓰거나 읽는 것은 금지되었는데

그 이유는 글을 읽고 쓰는 것,

기록물을 관리하는 것 자체가

신의 계시를 다루는 것이고 성별 되어야 하므로

성별된 절차를 거치지 않은 일반인들이 글을 다루는 것은

신성모독이라고 생각했기 때문이었다.

그러나 하나님은 자신의 말씀을
널리 알리고 보여주시기 원하셨다.
누구나 보고 알기를 원하셨다.
그리고 여호와 앞으로 누구나 나아와
지성소에서 만나길 원하셨다.
그러므로 이 성전은 제사를 위한 공간이라기보다
모든 사람이 하나님의 말씀을 보고 알 수 있도록
항상 열려있어야 했던 것이다.

그런데 불행히도 어느 순간부터 성전은
제사장들과 권력가들의 전유물이 되었고
성전문은 아무나 들어갈 수 없는 좁은 문이 되었으며
숭배와 두려움의 장소가 되고
제사장이나 정치인들의 주머니를 채울 목적으로
제물이 될 짐승을 거래하고 그것을 살육하여 불태우는
혼돈의 장소가 되었던 것이다.
그러나 예수님의 십자가 사건을 통해
열린 성소에 대한 내용을 모두가 알게 되는 기회가 열렸고
그 곳으로 담대하게 들어갈 수 있게 된 것이다.

야벳의 열림은 아버지 노아에게 옳은 일을 했기 때문에
크고 장성한 민족이 된다는 것만은 아니었다.
물론 현대 세계의 주도권을 쥐고
기독교를 세계 종교로 확장시킨 유럽 민족들이
야벳의 자손으로 추정되어 노아의 예언을 확인하고 있지만
하나님의 말씀은 나타난 현상들과 함께
내면에 흐르고 있는 본질도 함께 이해해야 한다.

신앙생활의 처음은 무척 경건하고,
가슴 뛰는 벅참과 함께 경이롭고 신비로운 경험도 하게 된다.
그러나 점점 시간이 지나가면서
믿음의 선배들을 따라 묵묵히 신앙생활을 이어가면서도
믿음과 확증의 경험이 점점 적어지고 질문은 많아지며
간혹 확증할 수 있는 증거에 대한 갈구가 밀려오기도 한다.
또 살면서 부딪히는 현실의 상황과
자신이 알고 있는 말씀의 기준이 맞지 않는 상황에 처해
당황하고 때론 분노하지만
겉으론 괜찮은 척하는 경우가 있다.

이것이 현실의 상황과 진리의 내면이
서로 기찻길처럼 평행선으로 병행하고 있는
말씀의 원리를 깨닫는 첫 단계이다.

하나님의 말씀을 선포하고 알리는 것
이것은 셈의 역할이다.
그리고 현재의 시간과 자신의 몸으로 하는 경배
그리고 해마다 절기를 따라 기념하는 것을 반복하며
현실의 삶 속에서 말씀을 실천해 보는 것
이것은 함의 역할이다.
이것들은 필수적으로 함께 있는 짝이지만
이러한 평행선이 야벳의 단계에서 만나 열려지지 않으면
셈의 말씀은 하늘 멀리 있는 이상일 뿐이고
함의 역할은 반복 된 예식으로 감각조차 무뎌진 일상이 될 뿐이다.

이렇게 채워지지 못한 신앙의 마음으로 현실을 살아가다 보면
왠지 자신이 가식적인 사람이 된 느낌마저 들 때도 있고
양심에 찔리는 일을 한 번이라도 하면 죄책감에 시달리기도 한다.

이러한 마음의 갈증과 싸움이 멈추는 단계가
야벳의 열림이다.
야벳의 단계에 이르면
셈과 함의 역할을 자연스레 이해하고
또 둘의 역할이 하나로 모아져
자신의 주변의 모든 상황이 말씀에 의해
판단되고 정의되는 상태가 열릴 것이다.
이것은 시시때때로 적용되는 지혜 같은 모양으로 작동하며
흔들리지 않지만 유연한 생각으로
진정한 평안과 해결점을 찾게 될 것이다.

야벳은
셈의 이름으로 일러지고
함의 방식으로 몸으로 익혀서
열고, 확장하여 그리스도의 차원을 여는 이름이다.
이 차원은 각자의 방식대로 시대에 맞게 주어지는 것이므로
정해진 바 없는 예측 불가능의 은혜가 될 것이다.

우리끼리 하는 이야기

아는 만큼 보인다는 말이 있다.
미술관을 가서 전시 된 예술품들을 보면
어떤 작품들은 굉장히 훌륭해 보이고
좋은 그림이라는 느낌이 들 때도 있지만
솔직히 대부분은 작품의 가치를
잘 모르겠는 것이 솔직한 마음이다.
물론 그 작품이 만들어진 시대와 그 기법을 생각한다면
조금 수긍은 하지만 그래도 그림 한 점, 조각 한 점의 가치가
몇 십억을 넘어가는 것은 쉽게 이해가 가지 않는다.
그런데 도슨트께서 설명해주시는 그림의 내용과 상징성
그리고 작품을 만들 당시의 작가의 환경과
역사적 배경을 듣고 나면 결국 그 그림의 가치를
인정할 수밖에 없어진다.

그리고 박물관에 가서
여러 가지 역사적인 전시물들을 보는 경우에도
배경 지식이 없다면 전시된 역사적 물건들이
그저 오래 된 물건들을 늘어놓은 것으로만 보이지만
그 시대를 살았던 사람들의 생활과 역사적 상황을 알게 되면
시대에 대한 공감대가 형성되는데 이렇게 되면,
현재의 내가 존재할 수 있는 것에 감사한 마음이 생긴다.

이렇게 형성된 공감대와 시대적 이해
그리고 역사와 문화적인 깊이는
개인의 차원을 높여주기도 하지만
개인이 모여 이룬 사회의 지적 수준과
미래에 대한 계획을 세우는 데도 큰 역할을 하게 된다.
이러한 성숙이 단기간에 이루어지는 것은 아니지만
국가 사회적으로 꾸준히 노력해야 하는 일이며
개인과 사회 내부의 요구에 따라
그 속도는 달라질 수 있다.
이러한 노력의 결실이 개인과 사회
나아가 국가 간의 미래에도 영향을 미치며
새로운 비전을 열어가는 토대가 될 것이다.

야벳의 열림도 이와 다르지 않아 보인다.
물론 야벳의 열림은 비밀의 것들이 공개되는 열림이다.
그러나 이 열림은 모두가 고대하던 선물 상자를 열어서
깜짝 공개하는 것처럼 열리는 것은 아니라고 생각된다.
왜냐하면 야벳의 열림은 하나님의 말씀이 열리는 것인데
이 말씀의 열림도 순서와 절차를 따라
공개되도록 준비하셨기 때문이다.

바깥 문에서 들어와 성전마당의 번제단을 거쳐
물두멍을 건너고 성소의 열두 떡상과 일곱 촛대
그리고 분향단을 거쳐 지성소로 들어가면
언약궤 안에 있는 물건들의 의미들을 깨우쳐
최종적인 목표인 여호와를 만나는 언약궤 위
시은좌에 도달하게 된다.
이 모든 과정이 하나님과 나의 관계가 열리기 위해
거치는 과정이며 이러한 성장과정을 통해
성숙에 이르는 길잡이를 꼼꼼하게 알려주셨다.

그리고 이러한 과정에 필요한 지시사항들이
완전한 수행을 요구한다고 보이진 않는다.
미술관 도슨트의 설명을 순서대로 듣다보면 알게 되는
전시회 전체의 내용처럼
성전에 대한 지시사항들은
하나님을 만나는 단계의 이해를 위한 지침이며
결과적인 목적은 하나님을 만나는 것이기 때문이다.
모든 단계에 대한 이해가 끝나면
행동에 집중할 필요보다는
내용이 가리키는 방향이 중요하다는 것도
자연스럽게 깨닫게 될 것이다.

바울이 부득불 이야기한 주의 환상과 계시 중에
셋째 하늘에 다녀온 사람에 대해 말했는데 셋째 하늘을
마당, 성소, 지성소 중에 지성소를 가리킨다고 이해해보면,
바울의 말은 주의 환상과 계시 중에 말씀의 단계를 따라가
성전의 열림을 경험하고 하나님을 만났다는 고백이 된다.

성전은 이미 출애굽기에 모든 구성요소와 재료
그리고 구조가 설명되어 있다.
그리고 모든 이스라엘 백성들은
하나님의 말씀을 머리에 외우도록 교육되고 있었으므로
성전의 구조와 과정들은 바울의 머리 안에 이미 있었고
하나님을 만나는 방법도 알고 있었던 것이다.
그럼에도 불구하고 바울은
율법으로는 바리새인 중에 바리새인이었으며
스데반 집사가 돌에 맞아 죽는 것이
하나님을 모독한 죄이므로 당연하다고 생각했고
자신들이 가지고 있었던 전통과
고정관념에 반대되는 내용을 전파하는
예수님의 제자들을 잡으러 다니고 있었다.

그러나 바울은 예수님을 만난 후로
완전히 다른 사람이 되어
그리스도의 변론자가 되어 사도의 직분을 수행하게 된다.
온전한 유대교 교육을 받은 바울도
예수님을 만난 이 후에야 말씀의 열림을 경험한 것인데
이를 에디슨의 명언을 빌려와 이해해 보려고 한다.

에디슨의 명언 중에 "천재는 99%의 노력과
1%의 영감으로 만들어진다."라는 말이 있다.
이 말은 천재는 99%의 노력을 하는 사람이며
1%의 영감으로 완성된다는 말이다.
즉 천재의 전제 조건은 무한한 실패를 딛고 일어서는
부단한 노력이 필요하며 이 노력이 99%에 달하면
1%의 영감을 얻을 수 있다는 것으로 해석 된다.
왜냐하면 에디슨 자신이 그만큼의 노력을 했다는
말의 배경도 감안하자면 말이다.

그런데 바울의 경우에는 1%가 먼저로 생각된다.

아무리 99%의 인간적 노력이 있었다고 해도

1%로 표현할 수 있는 하나이신 하나님이 없다면

99%는 아무런 쓸모가 없어지기 때문이다.

그러므로 100%라는 성숙을 위해서는

99%와 1%의 만남이 꼭 필요하다.

그렇다고 하나님과 나의 분배율이

꼭 99%, 1%로 정해졌다는 의미는 아니다.

만남이 이루어지기 위해 상대적인 요소가

분명히 존재한다는 의미일 뿐이다.

열림이 시작되면

단계적으로 하루하루 새롭게 열려갈 것이다.

그리고 이 성장과 성숙은 완전한 끝이 있지 않은 것 같다.

마치 나무가 다 자라서 성장을 끝내는 시점을 알 수 없는 것처럼

세월이 지나고 시간이 지날수록

그 열림의 모습은 그때그때 다른 모습으로 나타날 것이다.

우리는 시간과 공간 그리고 물질이라는

한계를 가지고 살아가지만

말씀의 열림은 영원에 대한 열림이기 때문이다.

무언가 확실하고 확고한 것을 바라는 것과
한순간의 변화로 모든 상황이 좋은 환경으로 변하는 것이
사람이 바라는 변화에 대한 자연스러운 기대일 것이다.
그러나 시시때때로 계절에 맞게 변화하고
고정된 관념 없이 모든 상황을 순리에 맞추어
방법을 도출해내는 것이 진정한 열림이 하는 일로 생각된다.
그러므로 진리의 열림은
확실한 그 무엇이 보이지 않고
이것이라고 명백한 규정을 지을 수도 없다.
그러나 모든 상황과 변화를 인정하고 받아들이는 마음이 되면
가벼운 삶으로 살 수 있게 될 것이다.
일이 흘러가는 방향성의 옳고 그름이 판단되기 때문에
그 결과를 쉽게 수긍하며
그에 맞추어 사는 방법도 찾게 될 것이기 때문이다.
고정되지 않은 결과와 선택할 수 있는 방법이 많아진다는 것은
무한하고도 여유로운 선택이 앞에 펼쳐질 것이라는
기대도 품고 있기 때문이다.

셈
이름, 이르다, 말씀하다

엘람
감추다

앗수르
곧다, 평탄하다

아르박삿
의미불명

룻
의미불명

아람
높은곳

셀라
보내다

에벨
건너가다

욕단
작아지다

벨렉
쪼개다, 나뉘다

르우
친구, 돌보다

스룩
덩굴손, 서로 얽히다

나홀
콧바람

데라
의미불명

아브람, 나홀, 하란
높은 아버지, 콧바람, 산의 사람

셈에서 아브람까지의 계보

10. 멜기세덱 ·············· 평화의 왕

멜기세덱은 어떤 인물이가요?

공의의 왕 멜기세덱

멜기세덱은 구약성경에 등장하는 가장 신비로운 인물이다.
멜기세덱은 '왕(말키, King)'과 '의(체데크, Righteous)'라는
단어의 합성어로 '정의의 왕'이라는 뜻이다.
그는 '살렘의 왕이자 여호와의 제사장'인데
살렘은 예루살렘의 옛 이름으로 추정되며
'평화, 안녕'이라는 뜻으로
우리가 유대인의 인사로 잘 알려진 '샬롬'과 같다.
그런데 성경의 '평화'는
사람간의 인사 또는 전쟁 상황의 반대 개념이라기보다
'하나님과의 평화'를 가리키므로
멜기세덱은 하나님과 우리의 평화를 위해 일하는
중재자로 이해할 수 있다.

예루살렘은

'흘러내리는 평화' 또는 '보라 평화로다.'로 해석 할 수 있다.

이 도시는 출애굽한 이스라엘 백성이 가나안으로 들어가기

오래 전부터 그 지역에 살고 있던 민족들과

예루살렘을 통과하며 무역을 하던 여러 이방인들에게도

성지로 인정받던 종교적으로 소중한 도시였다.

따라서 살렘의 왕으로 표현된 멜기세덱은

언제인지 때를 정할 수 없을 때부터

살렘의 왕으로 있는 영원한 제사장의 상징이며

시대와 국경 그리고 민족을 초월한 제사장으로

그려지고 있는 것이다.

그러므로 그의 족보는 따로 언급되지 않는데

이것은 그가 사람의 계보에 들어있지 않으며

출신지 또한 사람의 인식으로는 설명이 불가능한

영원 그 어딘가에서 발원하는 존재라는 의미이다.

멜기세덱은 창세기 14장에 한번 등장하고

구약의 시편 110편에

여호와께서 다윗의 주에 대하여

세상의 왕들과 나라들을 깨뜨리며 멜기세덱의 서열을 따르는

영원한 제사장이라고 말씀하셨다.

신약에서는 히브리서 5~7장에

그리스도이신 대제사장이 하신 일이 나오는데

여기서 그리스도를 멜기세덱의 서열을 따르는 제사장이며

예수님이 그리스도의 사역으로 하신 일들과

그로 인해 되어진 일들을 설명하며

"먼저는 의의 왕이요 그 다음은 살렘 왕이니 곧 평강의 왕이요

아버지도 없고 어머니도 없고 족보도 없고 시작한 날도 없고

생명의 끝도 없어 하나님의 아들과 닮아서

항상 제사장으로 있느니라"(히7:2-3)라고 정의하고 있다.

성경은 멜기세덱의 직분을 제사장으로 소개하고 있다.
제사장(코헨, Priest)은 '중재자'라는 의미로
하나님께 나오는 사람과 하나님의 사이를
중재하는 역할을 하는 것이다.
제사장의 중재는
하나님의 뜻을 사람들에게 잘 표현해 주어
사람들이 하나님의 뜻에 맞는 삶을 살도록 하는 것이다.
그리고 이 삶을 하나님 앞으로 인도하여
하나님과 직접 만나도록 도와주는 것이다.
하나님은 자신을 만나러온 삶을 받아들이시고
하나님께 받아들여진 삶은
세상 삶의 원리인 선과 악의 판단을 벗어나
하나님의 원리인 안식과 평화의 상태로 넘어들어 가는 것이다.

넘어간다는 말은 성경에 '유월'이라는 단어로 쓰이는데
넘어들어가는 절기를 유월절이라고 한다.
제사장은 유월절을 통해
하나님에게 나온 사람들을 하나님께 넘겨주는 것이며
이것이 제사장이 행하는 중재의 결론이다.
신약의 바울은 이것을 중매라고도 표현했다.

제사장 멜기세덱의 등장에는 당시 싯딤 골짜기에서 일어난
아홉 왕들의 싸움이라는 배경이 있었다.
소돔, 고모라, 아드마, 스보임, 소알 다섯 왕이
시날, 엘라살, 고임, 엘람의 네 왕 중
엘람의 왕 그돌라오멜을 섬기다가 배반하여 전쟁이 벌어졌다.
이 전쟁 통에 소돔과 고모라의 재산과 양식은 물론
그 곳에 살던 아브람의 조카 롯과 그의 재산이 노략 당하자
아브람은 318명을 거느리고 그들의 뒤를 쫓아
빼앗겼던 모든 것을 찾아왔다.

시편 110편의 기록처럼 아브람은 세상의 왕들을 깨뜨린 것이다.
세상의 왕들과의 전쟁에서 승리한 아브람이 돌아오는 길에
소돔 왕과 멜기세덱이 마중 나오게 되는데
이때 멜기세덱은 아브람을 위해 떡과 포도주를 가지고 나왔다.
멜기세덱이 나온 것은
아브람의 행위가 하나님이 행하시는 구원의 사역인
'분쟁의 중재와 심판'을 잘 나타냈기 때문이다.

떡과 포도주는 예수님이 십자가를 지시기 전
마지막 유월절에 제자들에게 베풀어 주신 음식으로
자신이 마지막 어린 양으로 희생될 것을 기억하라는 것이고
자신이 십자가에 넘겨지면 너희들은 하나님께 넘겨지고
성령의 영접하심을 받아 하늘의 삶을 살게 될 것이라는 의미이다.
출애굽 당시의 이스라엘 민족은 유월절 음식으로
어린 양의 고기와 무교병과 쓴 나물을 먹었는데
이것은 세속 종교에서의 탈출을 의미하고
예수님의 떡과 포도주는 안식으로 넘어들어 가는 것을 상징한다.
그러므로 멜기세덱이 떡과 포도주로 아브람을 맞이하는 순간은
아브람이 새로운 차원의 삶을 맞이한다는 의미가 있는 것이다.
그리고 아브람은 멜기세덱에게
"그 얻은 것에서 십 분의 일"을 멜기세덱에게 주었다.

살렘 왕 멜기세덱이 떡과 포도주를 가지고 나왔으니
그는 지극히 높으신 하나님의 제사장이었더라
(창 14:18)

[멜기세덱] 메르키(왕, 다스리다)+쩨데크(의, 정의)
[살렘] 쇠렘 – 평화로운

한발 더 들어가기

사실 멜기세덱에 대한 설명은
성경의 기록을 그대로 인용하는 것 외에는
할 수 있는 설명이 별로 없다.
어떤 성경학자들은 멜기세덱이
실제 존재하지 않는 상징으로서의 인물이라고 말하기도 한다.

그만큼 멜기세덱은 간접적으로는 여호와,
직접적으로는 그리스도를 상징하는 인물로
사람의 말로 설명하기 어려운 인물이다.
하나님의 제사장 멜기세덱이 아브람에게 등장 했다는 것은
하나님과 아브람의 관계가 화합의 단계가 되었다는 의미이다.
아브람의 진리적 성숙이 완성 단계에 들어갔다는 신호탄이며
멜기세덱을 만난 이후 아브람은
하나님과 언약을 맺고 할례를 명받고
아브라함이라는 새로운 이름도 얻고
아들을 낳게 될 것이라는 말씀을 순차적으로 받게 된다.

떡과 포도주로 아브람에게 나온 멜기세덱에게
아브람은 십일조를 주었는데
떡과 포도주에 대응하는 십일조는
말씀의 순리에 아주 잘 맞는 원인과 결과이다.
떡과 포도주가 하나님 말씀의 결론이라면
십일조는 사람이 하나님의 뜻에 맞게 이해한
하나님의 말씀이기 때문이다.

그런데 사실 전쟁에서 승리하고 돌아온 아브람은
전리품으로 얻은 것이 하나도 없었다.
소돔 왕의 것은 실오라기 하나, 들메 하나
아브람이 가진 것이 없이 모두 돌려주었기 때문이다.
또 구해온 조카 롯과 그의 재산은 그의 소유는 아니었다.
그렇다면 아브람의 십일조는 어디에서 온 것일까?
그가 이미 가지고 있던 재산 중에서 십일조를 드렸던 것일까?

이 문장 "그 얻은 것에서 십 분의 일"을 의미 그대로 살려보면
'그의 모든 것에서 열을 멜기세덱에게 주었다.'고 할 수 있다.
성경에서의 '열'은 하나님이 사람에게 주신 말씀의 기준이다.
이것은 출애굽기에서 십계명으로 현실화 되었다.

사실 이 당시의 숫자는 우리가 쓰는 숫자와는
개념이 많이 다르다.
그리고 아브람의 때는 현재 우리가 쓰고 있는
아라비아 숫자의 개념도 없었다.
이 당시의 숫자는 개수 보다는 크기를 표현하는데 쓰이거나,
반복적 강조, 설명하기 어려운 추상적인 것을 상징화하여
소통하는 의미로 쓰였다.
그러므로 아브람이 '열'을 드렸다는 것은
자신이 받았던 하나님의 말씀을 완전하게 이해한 내용으로
멜게세덱에게 돌려드렸다고 하는 것이
성경적 해석이 될 것이다.

또한 멜기세덱과 아브람의 만남은
아브람이 생명의 씨를 받게 되는 시작점이다.
이 만남 이후 여호와는 아브람과 자손에 대한 언약을 맺는다.
그러나 여호와가 약속한 아들이 먼저 나타나지는 않았고
육체로 낳는 아들인 이스마엘을 낳은 후
할례를 통한 정결예식이 치러지고
아브람은 아브라함, 사래는 사라라는
새로운 말씀의 의미가 부여 된 이름들을 새로 받고
소돔과 고모라 그리고 아비멜렉과의 사건을 거쳐
약속의 아들을 받게 되었다.

멜기세덱의 말대로
아브라함이 받은 축복인 약속의 아들은
완전한 축복이라는 온전한 과정을 거쳐
생명의 씨앗을 영원 대대로 잘 전달하게 될 것이다.

아브람 편으로 계속 이어집니다.